Engelsliebe

Engelsliebe

Göttliche Hingabe, Glaube und Gnade

Reverend
KIMBERLY
MAROONEY

EVERGREEN

Originalausgabe: Angel Love

EVERGREEN is an imprint of
TASCHEN GmbH

© 2005 TASCHEN GmbH
Hohenzollernring 53, D-50672 Köln
www.taschen.com

© 2004 Fair Winds Press
© 2004 Text Kimberly Marooney

Buchgestaltung: Laura Louallier, Laura Herrmann Design

Produktion der deutschsprachigen Ausgabe:
Bookwerk, Köln für Textcase, Hilversum, Niederlande
Übersetzung: Brigitte Kalthoff
Redaktion: Caroline Kazianka
Satz: Horst Schärfer

Printed in China

ISBN 3 8228 4157 9

Widmung

Dieses Werk widme ich meinem lieben Herrn,
mit dessen Hilfe alle Dinge möglich sind.

Meine liebende Dankbarkeit meiner Familie
und meinen Freunden, die mich jeden Tag
großzügig ermutigen.

Meine ewige Verbundenheit meinem kleinen Hund Pearl,
der mein liebevoller Begleiter war,
solange er lebte.

Inhalt

TEIL EINS

Wie hilft Ihnen dieses Buch?

Einen Engel anziehen

Jeder Engel der Liebe ist ein reales und mächtiges geistiges Wesen, das Ihnen helfen möchte. Als Boten Gottes suchen die Engel nach Gelegenheiten, Sie Gottes Liebe in ihren vielfältigen Ausprägungen erleben zu lassen. Jeder Liebesengel bietet eine besondere Art von Liebe, die Ihnen hilft, eine befriedigendere Beziehung zu den Menschen, zu Gott und zu sich selbst zu finden.

Zu jedem dieser Liebesengel können Sie eine persönliche Beziehung entwickeln und die Wohltaten wie Bewusstsein, Erkenntnis, Geschenke, gestärkter Glaube, Erfahrungen und tiefe innere Veränderung erhalten, die er gewährt. Der einfachste Weg, eine Beziehung zu den Engeln zu entwickeln, ist der, um ihre Hilfe zu bitten. Wo brauchen Sie Hilfe?

Engel werden durch Resonanz zu Ihnen hingezogen, d. h. durch eine spezielle Schwingung oder Energie. Ihre Gefühle, Gedanken und Wünsche werden von Ihnen selbst als Schwingung ausgesandt. Die Engel werden vom Bedürfnis nach Energien ebenso wie auch von ihrem Ausdruck angezogen. Jeder Engel steht für eine Eigenschaft Ihrer Seele, die Sie in sich selbst entdecken können.

Selbstbeobachtung wird Ihnen helfen, den größten Nutzen zu ziehen. Wenn Sie sich Ihrer Gedanken, Gefühle und Wünsche bewusst sind, vergrößert sich die Chance, genau den Engel mit der Eigenschaft, die Sie brauchen, anzuziehen.

Der beste Zeitpunkt zum Aufbau einer Beziehung zu einem Engel ist der Morgen. Denken Sie in Ruhe über Ihre Situation nach und bitten Sie dann um Hilfe. Engel wollen Ihnen antworten und helfen. Achten Sie während des Tages darauf, wie Ihr Engel Ihnen die Gaben der Liebe Gottes zeigt.

Gönnen Sie sich jeden Morgen zwanzig Minuten Zeit, die Sie mit Ihrem wahren Ich und Ihrem Liebesengel verbringen:

~ Konzentrieren Sie sich fünf Minuten lang auf das, wofür Sie Hilfe brauchen.

~ Nehmen Sie sich weitere fünf Minuten, um einen Liebesengel auszuwählen und etwas zu finden, das Ihnen den ganzen Tag über hilft.

~ Hören Sie ein Lied und widmen Sie fünf Minuten der Suche nach einer tiefen Verbindung zu Ihrem Engel, die Sie den ganzen Tag stärken kann.

~ Nutzen Sie schließlich fünf Minuten, um zu erkennen, was Sie empfangen haben, und um dankbar zu sein.

Das zentrale Thema finden

Konzentrieren Sie sich ein paar Minuten, bevor Sie einen Engel rufen. Ihr zentrales Thema kann geistiger Natur sein oder mit den Anforderungen Ihres materiellen Lebens zu tun haben. Gehen Sie in Gedanken durch, was heute von Ihnen erwartet wird. Denken Sie an Ihren Tagesplan, Ihre geistigen Übungen wie Meditation, die zu erledigenden Dinge, Ihre Arbeit, die Bedürfnisse Ihrer Familie, alle sozialen Verpflichtungen und so weiter.

Wobei brauchen Sie Hilfe? Was fühlen Sie? Vielleicht müssen Sie in einer Zeit, in der Ihre Situation Ihnen Angst macht und Sie verwirrt, mehr Geld verdienen. Oder Sie sind aufgrund eines Konflikts mit einem Familienmitglied wütend. Sind Sie unruhig und wissen nicht, warum?

Stellen Sie sich ein paar Fragen, um das Thema, auf das Sie sich konzentrieren wollen, genauer zu bestimmen:

~ Wobei brauche ich Hilfe?

~ Womit muss ich fertig werden?

~ Inwiefern fühle ich mich gefangen?

~ Was will ich wirklich?

~ Was muss ich loswerden?

~ Was hindert mich daran, die Wahrheit zu sehen?

~ Wovor habe ich Angst?

~ Was hilft mir, mehr Vertrauen zu haben?

~ Was lehrt mich diese Erfahrung?

~ Inwiefern komme ich nicht weiter?

~ Worauf warte ich?

Sobald Sie wissen, worauf Sie sich konzentrieren wollen, suchen Sie als Hilfe eine Frage. Formulieren Sie diese so konkret wie möglich. Hier sind ein paar Beispiele:

~ Was ist mein tiefster Seelenwunsch?

~ Was wird mir heute am meisten helfen?

~ Was brauche ich, um meine verletzten Gefühle zu überwinden und mit meinem Partner zu größerer Liebe zu finden?

~ Ich bin verwirrt und kann Schritte, die zu dieser Entscheidung geführt haben, nicht klar erkennen. Inwiefern beeinflussen meine Gefühle meine Entscheidungen? Was kann ich tun, um Klarheit zu finden und bestmöglich zu entscheiden?

~ Ich brauche Hilfe, konnte aber nicht darum bitten. Was hilft mir, _____ zu finden, damit ich um Hilfe bitten kann?

~ Ich bin vor Angst wie erstarrt. Was lässt mein Herz auftauen, sodass ich _____ kann?

~ Ich fühle mich so allein. Was hilft mir, mein Herz zu öffnen, um eine erfüllendere Beziehung zu _____ aufzubauen?

Den Engel des Tages auswählen

Es gibt viele Arten, eine Engelskarte auszuwählen. Sie können die Karten verdeckt fächerförmig vor sich ausbreiten. Bevor Sie eine Karte wählen, schließen Sie die Augen, wiederholen Sie Ihre Frage und spüren Sie Ihr zentrales Thema.

Ihre Gefühle erzeugen die Schwingungen, die den Engel anziehen. Suchen Sie nach den tiefsten und aufrichtigsten Gefühlen in Ihrer Seele und Ihrem Herzen. Konzentrieren Sie sich auf die Frage in Ihrem Kopf und die Gefühle in Ihrem Herzen und wählen Sie eine Karte aus. Viele Menschen stellen fest, dass ihre Hände zu einer Karte hingezogen werden. Vielleicht müssen Sie ein wenig herumprobieren, um herauszufinden, was für Sie am besten funktioniert.

Drehen Sie die Karte um und betrachten Sie sie. Was bemerken Sie als Erstes? Welchen Bezug hat dies zu Ihrer Frage? Was sagen Ihnen das Wort oder die Liebeseigenschaft des Engels? Was entdecken Sie in dem Bild, das Ihnen helfen könnte? Sind Sie irgendwo in dem Bild?

Suchen Sie den Abschnitt in diesem Buch, der den Engel und seine Liebeseigenschaft beschreibt. Achten Sie beim Lesen auf Hinweise, die zur Beantwortung Ihrer Frage führen können. Wählen Sie ein Zitat oder einen Satz aus, der genau zu Ihrer Frage passt. Vielleicht schreiben Sie Ihre Frage und das Zitat auf eine Karte und tragen sie bei sich, um sie während des Tages zu lesen.

Im Abschnitt „Was tun …" am Ende jeder Engelsbeschreibung finden Sie Musikempfehlungen. Der Begriff, der die Liebeseigenschaft des Engels bezeichnet, das Bild auf der Karte, die Beschreibung des Engels im Buch und der Musikvorschlag sind speziell dafür ausgewählt, Ihnen zu helfen, die

Energie und Anwesenheit des Engels zu spüren. Jeder Engel kann Sie zu einer persönlichen Erfahrung der Liebe Gottes bringen. Nehmen Sie sich Zeit, um nach einem Gefühl zu suchen und eine Antwort des Engels zu erhalten. Hören Sie das empfohlene Musikstück während eines Gebets oder einer Meditation, die Sie für eine Erfahrung mit dem Engel und mit Gott offen und empfänglich macht.

Wenn das Lied zu Ende ist, bleiben Sie fünf Minuten lang sitzen, um zu erkennen, was geschehen ist. Es kann hilfreich sein, sich einige kurze Notizen zu machen, während Sie über Fragen wie diese nachdenken:

~ Was haben Sie gespürt?

~ Was hat sich verändert?

~ Was haben Sie empfangen?

~ Wie hat sich der Engel mit Ihnen in Verbindung gesetzt?

~ Haben Sie eine Verbindung zu Gott gespürt?

~ Was können Sie tun, um die Antworten in Ihren Alltag aufzunehmen?

Wenn Sie etwas finden, das Sie bei Ihrem Thema unterstützen könnte, schreiben Sie es in Ihren Kalender. Sie könnten zum Beispiel einen Freund anrufen und ihn bitten, Sie bei etwas zu begleiten, das sie allein nie wagen würden. Eine andere Möglichkeit könnte sein, das Lied beim Mittagessen noch einmal zu hören, um sich wieder mit der Liebe, die Sie erfahren haben, zu verbinden.

Ihr Thema gegenwärtig halten

Beobachten Sie den ganzen Tag über den Einfluss Ihres Engels. Welche Gedanken, Gefühle und Ereignisse bieten Informationen zu Ihrer Frage? Vielleicht unterhalten Sie sich mit jemandem, der genau das sagt, was Sie hören müssen. Vielleicht sind Sie in einem Buchladen und ein Buch, in dem genau das steht, was Sie wissen müssen, fällt Ihnen auf den Fuß. Vielleicht kommt Ihnen eine Erkenntnis oder Sie spüren ganz plötzlich, was als Nächstes zu tun ist. Seien Sie aufmerksam.

Wenn Ihr Geist oder Ihre Gefühle in negatives Denken oder kontraproduktives Verhalten abschweifen, lenken Sie Ihre Aufmerksamkeit zurück auf Ihren Wunsch, indem Sie die Karteikarte mit Ihrem Thema und dem abgeschriebenen Zitat lesen. Übernehmen Sie die Kontrolle, statt sich treiben zu lassen oder als Opfer zu fühlen. Entscheiden Sie selbst, worüber Sie nachdenken möchten.

Verfassen Sie ein Gebet und schreiben Sie es auf Ihre Karteikarte. Das Gebet kann ein einfacher und direkter Ausdruck Ihres tiefsten Herzens- und Seelenwunsches sein. Überlegen Sie sich für diesen Tag mindestens eine Handlung, um Ihren Wunsch zu realisieren.

Führen Sie ein persönliches Tagebuch mit Ihren Fragen, Erfahrungen, Erkenntnissen, Entdeckungen und Fortschritten bei der Entwicklung tieferer Selbsterkenntnis und einer profunderen Beziehung zu den Engeln und zu Gott.

Wie Engel Ihnen helfen

Die Engel der Liebe möchten Ihnen helfen, die ewige Liebe zu erfahren, nach der Ihre Seele sich sehnt. Seien Sie offen und aufnahmebereit für Hilfe. Die Engel warten geduldig darauf, um Hilfe gebeten zu werden. Wie können Sie ihre Unterstützung auf sich lenken? Indem Sie Ihre Wünsche erkennen, beten, meditieren, suchen, über Fragen nachdenken, Ihr Bewusstsein entwickeln, Beziehungen aufbauen und durch Handlungen, die von den Wünschen Ihrer Seele angetrieben sind.

Engel reagieren auf viele Arten. Ihre wichtigste Aufgabe ist es, Ihnen zu helfen, Gottes Liebe zu erleben. Wenn Ihr Herz und Ihr Geist offen sind, suchen die Engel nach jeder Gelegenheit, Ihre Seele mit Ekstase, Freude, Leidenschaft und Jubel zu überfluten. Gott will Ihr ganzes Herz, sodass Sie vollkommen von Liebe erfüllt sind.

Auf Ihre Bitte hin sorgen Engel für Erfahrungen, die Bereiche aufdecken, in denen Sie sich selbst dem Empfinden von Liebe verschlossen haben. Dieses Aufdecken geschieht dadurch, dass Ihnen ein Schmerz aus der Vergangenheit bewusst wird. Indem Ihr Engel Ihnen zu größerer Selbsterkenntnis verhilft, lenkt er Ihre Aufmerksamkeit auf einen Bereich, in dem Ihr Herz keine Liebe spürt. Nutzen Sie die Chance, alte Verhaltensmuster zu entdecken, die jetzt Ihr Herz gegenüber der Liebe verhärten. Jedes Mal, wenn Sie einen alten Schmerz spüren, zeigt Ihr Engel Ihnen eine Gelegenheit, loszulassen und mehr Offenheit, Heilung und Liebe zu finden.

Die Engel möchten eine lebendige Beziehung zu Ihnen aufbauen. Sie möchten, dass Sie in jedem Moment das haben, was Sie brauchen, um zu mehr Liebe zu gelangen. Engel benutzen häufig Hinweise, um mit Ihnen zu kommunizieren und Sie zu führen. Vielleicht bekommen Sie einen Hinweis in

Form einer zarten inneren Stimme, die Ihnen sagt, dass Sie etwas tun sollen. Ein einfaches Beispiel: Obwohl der Himmel wolkenlos ist, denken Sie darüber nach, einen Regenschirm mitzunehmen. Und dann regnet es später.

Auf Hinweise zu reagieren, erfordert etwas Glauben, denn Hinweise kommen oft, bevor Sie wissen, dass Sie sie brauchen. Deshalb sind sie leicht zu übersehen. Versuchen Sie ein Experiment. Tragen Sie einen Notizblock und einen Bleistift bei sich und schreiben Sie jeden Hinweis sofort auf. Tun Sie das, was der Hinweis Ihnen empfiehlt, sobald es möglich ist, und warten Sie ab, was passiert. Aber benutzen Sie dabei natürlich Ihren gesunden Menschenverstand.

Engel helfen auch dadurch, dass Dinge in Abhängigkeit voneinander geschehen. Wenn Sie sich über Ihre Wünsche im Klaren und offen für Antworten sind, haben die Menschen, Informationen oder was immer Sie brauchen, die Möglichkeit, sich zu zeigen. Durch das Prinzip der Resonanz, durch die Energie des Wunsches, den Sie in die Welt aussenden, ziehen Sie mehr von dem an, was Sie fühlen.

Was wollen Sie? Ihre Wünsche oder Gefühle schaffen eine Energie, die eine ähnliche Energie anzieht. Dieses Prinzip der Resonanz kann einfach und direkt sein, aber auch kompliziert werden, denn Resonanz ist wirksam, ob Sie sich dessen nun bewusst sind oder nicht. Wenn Sie sich entmutigt und ungerecht behandelt fühlen, werden Sie Dinge erleben, durch die Sie sich noch mehr schikaniert fühlen. Wenn Sie sich Liebe wünschen, werden Sie Liebe erfahren.

Werden Sie sich Ihrer Gefühle und Wünsche bewusster, damit Sie entscheiden können, was Sie aussenden. Wenn Sie Ihre Aufmerksamkeit auf die Wünsche Ihrer Seele konzentrieren, können Sie sich auf die Engel der Liebe stützen. Sie helfen Ihnen, eine tiefere Verbindung zu Ihrem unsterblichen Ich aufzunehmen, das ewige Liebe und Erfüllung anzieht.

Um Hilfe bitten

⌒

Das Leben präsentiert eine Reihe von Gefühlen und Wünschen. Wie weiß man, welche ein Handeln rechtfertigen? Wie findet man Antworten auf wichtige Fragen? Wie kann man Probleme lösen? Wie wird man schmerzvolle Erfahrungen aus der Vergangenheit los, die Beziehungen und Entscheidungen beeinflussen? Wie stellt man erfüllendere Liebesbeziehungen zu Menschen her?

Die Engel der Liebe sind da, um Sie bei der Hand zu nehmen und Ihnen zu helfen, Ihr wahres Ich zu entdecken, das weiß, wo es diese Antworten suchen muss. Das Ziel der Engel ist es, dass Sie eine tiefere persönliche Beziehung zu Gott finden. Aus dieser Verbindung zu Gott und Ihrem wahren Ich können Sie Liebe in endloser Vielfalt erleben und erhalten Zugang zu göttlicher Intelligenz.

Finden Sie eine Balance zwischen dem, was Sie tun müssen, und dem Annehmen von Hilfe. Ihre Aufgabe ist es, festzustellen, wo Sie Hilfe brauchen. Haben Sie dies erkannt, sollten Sie konkrete Fragen formulieren. Das Nachdenken über Fragen oder Themen erfordert Kontemplation, also eine aufmerksame Beobachtung oder tiefe Reflexion. Nutzen Sie die Kontemplation, um sich Ihrer selbst bewusster zu werden. Dazu gehört zu erkennen, um welches Problem es sich handelt, was Sie dabei empfinden und inwiefern es Sie und Ihre Lieben beeinflusst, und gleichzeitig herauszufinden, welches Ihr größerer Wunsch oder Traum in jeder Situation ist.

Der nächste Schritt ist der, den Teil Ihres Ichs zu finden, der sich verändern will und offen dafür ist, Hilfe zu erbitten und anzunehmen. Dieser Teil ist ein wahrer Teil Ihres Ichs. Bitten Sie im Gebet um Hilfe. Wenn die Antworten kommen, sollten Sie danach handeln. Dieses Handeln kann weitere Fragen aufwerfen. Seien Sie wiederum offen und bereit, mehr Hilfe anzunehmen.

Vielleicht wird Ihnen erst einmal nur ein kleiner Schritt gezeigt. Gehen Sie ihn und suchen Sie dann nach dem nächsten. Manchmal übersieht man die kleine Hilfe, die man bekommt, weil man sie für wertlos hält. Wie oft sieht man einen Cent auf dem Bürgersteig, hebt ihn aber nicht auf, weil er nicht viel wert ist. Doch sind die kleinsten Dinge oft wichtig für den nächsten Schritt. Ihr Wert ist nicht immer im Voraus zu bestimmen. Achten Sie daher auf alle Hilfe, die Sie bekommen, nehmen Sie sie an und warten Sie ab, was passiert.

Wenn Sie die Engelskarten benutzen, denken Sie daran, dass die Beschreibung jedes Engels in diesem Buch mit dem Abschnitt „Was tun, um den Engel anzuziehen?" endet. Er enthält Vorschläge, wie Sie mit diesem Engel in Verbindung treten können. Wichtig hierbei ist Folgendes:

~ Kontemplation. Denken Sie über Fragen nach, die Ihre Gefühle und Bedürfnisse bewusster machen. So kommen Sie zu einer tieferen Ebene Ihres Ichs.

~ Gebet. Dadurch können Sie direkt mit Gott oder Ihrem Engel in Verbindung treten. Nutzen Sie das Gebet, um Ihren Wunsch zu verstärken, sich so zu verändern, dass Sie mehr Liebe erleben können.

~ Meditation. In der Meditation können Sie eine Verbindung zu Gott und zu Ihrem Engel fühlen.

~ Zuhören und für Antworten aufnahmebereit sein. Achten Sie darauf, wie Ihre Gebete beantwortet werden. Nehmen Sie die Anzeichen dafür, dass die Engel Sie unterstützen und führen, wahr. Werden Sie sich Ihrer Gedanken, Gefühle und Wünsche bewusster.

~ Entsprechend der erhaltenen Antworten handeln. Taten bringen Sie Ihren Wünschen näher. Sie helfen Ihnen, wenn Sie feststecken, und dabei sich von Illusionen zu lösen und der Wahrheit zuzuwenden.

~ Beschließen, aus dem wahren Ich heraus zu leben. Das wird einfacher, wenn Sie durch Kontemplation und Einkehr an Selbsterkenntnis gewinnen.

~ Eine persönlichere Beziehung zu Gott und Ihrem Engel suchen. Tun Sie dies durch Kontemplation, Gebet, Zuhören, Handeln und dadurch, dass Sie Ihr Herz Ihrem wahren Ich öffnen.

Die Engel der Liebe wollen Ihnen helfen, Ihre Beziehung zu Gott zu entwickeln, eine persönliche, aber auch heilige Beziehung.

Dieses Werk ist überkonfessionell, sodass alle Menschen davon profitieren können. Sie sollten es Ihren persönlichen Bedürfnissen anpassen. Wenn Sie zum Beispiel Christ/in sind und Jesus Ihr Herr und Erlöser ist, können Sie mithilfe dieses Werkes eine tiefere und persönlichere Beziehung zu Christus finden. Wenn Sie beim Lesen auf Begriffe stoßen, die Ihnen fremd sind, sollten Sie sie Ihren Bedürfnissen anpassen. Wenn Sie zum Beispiel „Gott" lesen, können Sie den Namen durch denjenigen ersetzen, den Sie verwenden, wenn Sie an die höchste geistige Macht oder Kraft in Ihrem Leben denken. Wie auch immer Ihr Glaube geartet ist, passen Sie dieses Werk entsprechend an und nutzen Sie die Teile, die Ihnen helfen.

TEIL ZWEI

Engel der Liebe

1.

Liebe

Hass lähmt das Leben, Liebe macht es frei.
Hass verwirrt das Leben, Liebe ordnet es.
Hass verdunkelt das Leben, Liebe erleuchtet es.

— MARTIN LUTHER KING JR.
Geistlicher und Führer der amerikanischen Bürgerrechtsbewegung (1929–1968)

———— ◦◦◦ ————

Die Engel der Liebe sind für Sie da. Zahllose Engel warten auf eine Gelegenheit, Ihr Herz und Ihre Seele mit einer Liebe zu berühren, die so zärtlich ist, dass sie alles in Ihnen zum Schmelzen bringt. Wollen Sie diese Liebe? Sehnt Ihre Seele sich nach einer Liebe, die jede Zelle Ihres Seins ausfüllt und jedes Bedürfnis erfüllt? Wie oft gestatten Sie es sich, diese Liebe zu spüren? Ist es oft genug? Hungern Sie nach mehr? Was können Sie tun, um Herz, Geist und Seele zu öffnen und mehr Liebe zu erfahren?

Bedingungslose Liebe kommt aus der Quelle alles Seienden. Einige Namen für diese Quelle sind Gott, Universum, Vater, Mutter, Buddha und Jesus. Welcher Name löst in Ihrer Seele eine Reaktion aus? Finden Sie die tiefe Sehnsucht Ihrer Seele nach dieser Liebe und bitten Sie darum, dass Ihre Seele von der Liebe gestreichelt werde.

Liebe umfasst viele verschiedene Gefühle. Mit einem Partner kann Liebe zärtlich und voll sexueller Leidenschaft sein. Zur Liebe gehört auch die Sorge für das Wohlergehen von Familienmitgliedern und Freunden. Wenn Ihr

Herz sich gänzlich öffnet, entströmt ihm eine tiefe und andauernde emotionale Beziehung zu anderen.

Wahre Liebe liegt zwischen Ihnen und der Quelle alles Seienden. Die Liebe aus dieser Quelle ist bedingungslos und währt ewig. Sie müssen nichts tun, um sie zu verdienen. Ganz gleich, was Sie in Ihrem Leben getan haben oder wie Sie sich selbst fühlen, diese Liebe ist jetzt für Sie da und kostet Sie nichts.

Die Engel der Liebe wollen Sie bei der Hand nehmen und Ihnen helfen, eine tiefere persönliche Beziehung zu Gott oder der höchsten Macht, wie auch immer Sie sie nennen, aufzubauen. Ausgehend von dieser Verbindung können Sie Ihr wahres Ich finden und eine endlose Vielfalt an Liebe erleben.

Welche Gedanken und Gefühle hindern Ihr Herz daran, unter der zärtlichen Berührung der Liebe zu schmelzen? Hassen Sie jemanden wegen einer zurückliegenden Erfahrung? Hass baut um Ihr Herz eine Festung aus Härte, die Liebe abweist. Diese Härte, die Sie ursprünglich vor dem Schmerz dieser Erfahrung schützen sollte, wird von der Überzeugung aufrechterhalten, dass Sie Recht haben und der andere Unrecht. Hass verleitet Sie zu glauben, der andere leide darunter, wie Sie sich fühlen. Das mag zum Teil stimmen, doch Sie leiden am meisten. Wieso leiden Sie? Ist es an der Zeit, die Gefühle, an denen Sie festhalten, aufzugeben?

Vielleicht ist Ihr Herz aus Selbstabscheu erstarrt. Hassen Sie Ihr Aussehen? Schämen Sie sich wegen etwas, das Sie in der Vergangenheit oder in einem Bereich Ihres jetzigen Lebens getan haben? Sind Sie extrem selbstkritisch?

Die Engel der Liebe bieten Ihnen die Chance, Selbstabscheu und Hass abzuwerfen. Wenn Sie den Wunsch Ihres Herzens nach Liebe anerkennen, kann das so einfach sein, wie alte Klötze fallen zu lassen. Ihr Wunsch ist der Schlüssel zum Beenden selbstzerstörerischen Verhaltens. Die Engel der Liebe stützen Sie während des Übergangs, denn sie erinnern Sie daran zu lieben.

Wenn Sie sich dabei ertappen, Hass oder Selbstabscheu zu empfinden, ändern Sie Ihren Blickwinkel. Richten Sie ihn auf Liebe. Welchen Wünschen können Sie sich zuwenden, um sich aus negativen Gefühlen zu befreien und in Liebe einzutauchen? Hilft Ihnen Ihre Liebe zu Jesus, eine größere Perspektive zu finden? Haben Sie einen spirituellen Meister oder Lehrer, dessen Präsenz Sie zur Liebe ruft? Wollen Sie alte Hassgewohnheiten aufgeben, damit Ihr Kind nicht durch sie geschädigt wird?

Die Engel der Liebe warten geduldig auf den kleinsten Riss in der Festung um Ihr Herz, durch den sie Sie mit Liebe erfüllen können. Wenn Ihr Herz von bedingungsloser Liebe aus der Quelle erfüllt ist, sind unglaublich befriedigende Erlebnisse von Nähe zu anderen möglich.

Was tun, um die Engel der Liebe anzuziehen?

~ Wenn Sie von der Selbstabscheu wegkommen wollen, sollten Sie beten: „Herr Jesus, bitte hilf mir, mich nicht mehr auf meinen Selbsthass zu konzentrieren, sondern meine Liebe zu dir in meinem Herzen zu finden." Setzen Sie dabei wie immer Ihre persönliche Bezeichnung für das geistige Wesen ein.

~ Wenn Sie zornig auf einen anderen Menschen sind, nehmen Sie Ihr kleines Kind oder einen geliebten Menschen in den Arm und sagen Sie zu sich selbst: „Deine Liebe ist mir sehr viel wertvoller als der Hass auf diese Person."

~ Lesen Sie ein Zitat, das Sie ermutigt, den Hass loszulassen und Liebe zu suchen, wie zum Beispiel dieses von Martin Luther King jr.:

> *Hass lähmt das Leben, Liebe macht es frei.*
> *Hass verwirrt das Leben, Liebe ordnet es.*
> *Hass verdunkelt das Leben, Liebe erleuchtet es.*

~ Bitten Sie um Liebe. Das Gebet ist ein wirkungsvoller Weg, um direkt mit Gott und den Engeln in Verbindung zu treten. Sprechen Sie einfach mit Gott oder Ihren Engeln, als sprächen Sie mit einem Freund. Teilen Sie Ihre Gefühle mit. Bitten Sie um das, was Sie möchten. Seien Sie offen für eine Antwort.

~ Meditation ist eine andere Möglichkeit, Gott, Ihre Engel und Ihre Seele miteinander zu verbinden. Eine einfache Form der Meditation ist es, eine Musik zu hören, die Ihr Herz öffnet und das Verlangen Ihrer Seele anregt. Die hier aufgelisteten Stücke vermitteln das Gefühl zärtlicher Liebe, die das Herz öffnen kann. Während Sie der Musik zuhören, konzentrieren Sie sich darauf, Ihr Herz der Liebe zu öffnen. Lassen Sie

Ihr Verlangen zu, die Verbindung zur Quelle der Liebe zu erleben. Als Antwort auf Ihr Verlangen kann die Energie des Heiligen Geistes auf den Klangwellen der Musik durch Ihren Körper fließen.

MUSIK:

- Mariah Carey, „I'll Be There", auf *Mariah Carey MTV Unplugged EP*
- Vanessa Williams, „Love Is", auf *Greatest Hits: The First Ten Years – Vanessa Williams*
- Garth Brooks, „Make You Feel My Love", auf *Fresh Horses*

2.

Verlangen

Wenn kommt, was man begehrt, tut es dem Herzen wohl.

— SPRÜCHE SALOMOS 13, 19

W elches ist das wichtigste Verlangen Ihrer Seele? Verlangen ist ein Gefühl, das Sie zwingt zu handeln. Außerdem ist es eine Energie, die mehr von sich anzieht. Wenn Sie sich nach bedingungsloser Liebe sehnen, zwingt Ihr Verlangen Sie, Ihr Herz zu öffnen, um Liebe empfinden zu können. Gleichzeitig zieht Ihr Verlangen bedingungslose Liebe an.

Das Verlangen Ihrer Seele fordert Ihre Aufmerksamkeit. Wie fühlt sich Ihr Verlangen an? Welche Gedanken begleiten es? Der Engel des Verlangens will Ihnen helfen, all Ihre Wünsche im stärksten Sehnen Ihrer Seele zu vereinen. Wenn alle Bereiche Ihres Lebens sich auf die Erfüllung des Verlangens Ihrer Seele zubewegen, schwimmen Sie in einem Strom von Energie, die aus der Quelle kommt. Wunder geschehen, wenn Ihre Entscheidungen im Leben sich auf einer Linie mit dem Verlangen Ihrer Seele befinden.

Zu den positiven Aspekten von Verlangen gehören Enthusiasmus, Entschlossenheit, Zielgerichtetheit, Durchhaltevermögen, Leidenschaft und das Gefühl, mit dem Strom verbunden oder in ihm zu sein. Starkes Verlangen kann auch unangenehm sein und zu der Annahme führen, dass etwas mit Ihnen nicht stimmt. Zu den unangenehmeren Aspekten gehören Sehnsucht, Einsamkeit, Begierde, Verlassenheit, Verzweiflung, Unruhe, Unzufriedenheit.

Bitten Sie den Engel in schweren Zeiten, sich neben Sie zu knien und Ihnen zu helfen, das Rufen Ihrer Seele zu hören. Nichts ist falsch. Ihre Gefühle weisen auf etwas Fehlendes hin, das Sie in die Tiefen Ihrer Seele ziehen kann. Lassen Sie sich von diesen Gefühlen die Richtung in Ihr Inneres und zu den Entscheidungen zeigen, mit denen Sie das Fehlende ausgleichen können. Ihr Verlangen zeigt Ihnen den nächsten Schritt zum Erleben bedingungsloser Liebe.

Um an Selbsterkenntnis zu gewinnen, schreiben Sie über Ihre Wünsche in ein Tagebuch. Mit der Zeit werden Sie anfangen, bestimmte Gedanken und Gefühle mit den tieferen Wünschen Ihrer Seele zu verbinden. Vielleicht haben Sie ein immer wiederkehrendes Gefühl, das Sie extrem aufregt. Vielleicht haben Sie keine Ahnung, was da passiert, und möchten am liebsten weglaufen. Über dieses Gefühl zu schreiben, kann Ihnen helfen, zu entdecken, dass das Gefühl Sie drängt, in Ihre Seele einzutauchen und göttliche Liebe zu suchen.

Wenn Sie sich der vielen Gefühle und Gedanken, die Ihr Verlangen ausdrücken, bewusster werden, bekommen Sie auch ein Gespür für die Kräfte, die das Verlangen neutralisieren. Verlangen ist eine dynamische Kraft. Statische Kräfte wie Selbstzufriedenheit und das Gefühl, vom Kampf überwältigt zu werden, können Sie von der Dringlichkeit und dem Enthusiasmus, durch die Dinge geschehen, abtrennen.

Kampf erzeugt eine kontraproduktive Kraft, die mit Verlangen verwechselt werden kann, weil Sie ja scheinbar etwas tun. Der Unterschied liegt darin, dass das Kämpfen Sie in negativen Gewohnheiten festhält, während das Verlangen Sie dazu treibt, zu etwas Neuem vorzudringen. Erkennen Sie den Unterschied zwischen Kampf und Verlangen, indem Sie sich fragen: „Welchen Zweck hat das, was ich tue? Bringen meine Gedanken und Handlungen mich dem Verlangen meiner Seele näher?"

Selbstgefälligkeit setzt ein, wenn Sie sich gut fühlen und mit Ihrem Leben zufrieden sind. Sie mögen die Dinge, wie sie sind, und gewöhnen sich an die Bequemlichkeit. Haben Sie sich an ein schönes Heim, eine Beziehung, einen Job, eine geistige Übung gewöhnt? Vergessen Sie darüber die Wünsche Ihrer Seele? Wie führt die Gewöhnung zu Gewohnheiten? Erzeugen diese Gewohnheiten das Gefühl festzustecken oder zu erstarren? Der Wunsch nach Beständigkeit und Behaglichkeit ist normal. Auch wenn Sie sich gut fühlen, achten Sie auf die Bereiche, in denen Sie feststecken. Unternehmen Sie etwas, um zu mehr Liebe zu finden.

Manchmal scheint es, als stünden Ihre Wünsche im Widerspruch zueinander. Sie möchten zum Beispiel mit einem geliebten Menschen an dem einen Ende des Landes leben und gleichzeitig am anderen Ende Teil einer geistigen Gemeinschaft sein, in der Sie dem Verlangen Ihrer Seele folgen können. Meditation wird Sie in die Tiefen Ihrer Seele führen, wo Sie den größeren Zusammenhang sehen und entdecken können, wie Sie beide Wünsche zusammenbringen. Der Geist ist unendlich kreativ und zeigt einem offenen Gemüt überraschende Lösungen.

Was tun, um den Engel des Verlangens anzuziehen?

~ Ist Ihnen Ihr Verlangen unangenehm, knien Sie nieder, bitten Sie den Engel des Verlangens, sich neben Sie zu knien, und beten Sie:

> *Engel des Verlangens, bitte hilf mir zu erkennen, wie mein unbehagliches Gefühl mich nach innen in die Tiefe meiner Seele führt. Bitte hilf mir, das Rufen meiner Seele zu erkennen.*

~ Schreiben Sie über Ihre Wünsche in ein Tagebuch, um an Selbsterkenntnis zu gewinnen.

~ Sprechen Sie über Ihre Wünsche mit Freunden, die Sie verstehen und unterstützen.

~ Tanzen macht Sie lebendig und öffnet Ihren Körper für die Energie des Verlangens. Wenn Sie kämpfen, feststecken oder die Art, wie Sie sich fühlen, nicht aushalten, tanzen Sie zu „Dive" von Steven Curtis Chapman auf *Speechless* und zu „Desire" von U2 auf *Rattle and Hum*. Fangen Sie das Gefühl des brennenden Verlangens Ihrer Seele, rennen Sie damit los und ergreifen Sie die Hand des Engels. Wie können Sie in das stärkste Verlangen Ihrer Seele eintauchen?

~ Wenn Sie sich unbehaglich fühlen und Beruhigung brauchen, hören Sie sich „Witness" von Sarah McLachlan auf *Surfacing* an. Bitten Sie den Engel, Ihnen zu zeigen, wie Sie offen für die Antwort sein können.

3.

 Vertrautheit

Leidenschaft entwickelt sich am schnellsten und verblasst am schnellsten.
Vertrautheit entwickelt sich allmählich und Bindung noch langsamer.

— ROBERT STERNBERG
Amerikanischer Psychologe

D er Engel der Vertrautheit ist „Gottes geliebter Engel". Echte Momente von Vertrautheit sind kostbare Geschenke einer Verbindung, wenn Herzen in der reinen Liebe, die von Gott kommt, miteinander verschmelzen. In einem vertrauten Miteinander kann Liebe vieles sein: süß, sinnlich, respektvoll, sexuell, leidenschaftlich, zärtlich, kraftvoll oder lebendig. Mit der Zeit verändert sich oft die Qualität der Liebe: Sie wird reicher, das Erleben wird tiefer und führt zu großer Erfüllung.

Wie können Sie zu einem vertrauten Umgang mit den Menschen, die Sie am meisten lieben, gelangen? Vertrautheit in der Familie und bei Freunden spüren Sie, wenn Sie Ihre innersten Gefühle und Wünsche sicher offenbaren können. Auch nur einen Menschen zu finden, mit dem Sie die ganze Bandbreite Ihres Wesens teilen können, ist eine seltene Erfahrung. Empfinden Sie sowohl Zuneigung als auch ein tiefes Verständnis für jemanden? Schaffen Sie beide Gelegenheiten zu einem vertrauten Austausch, wobei Sie beide Ihre Herzen liebevoll öffnen? Oder tolerieren Sie seichtes Geschwätz ohne emotionale Bindung?

Vertrautheit wird spürbar, wenn zwei Herzen sich in dem Wunsch verbinden, etwas Neues zu erleben. Erwartungen wie der Wunsch, dass ein Zusammentreffen einer schönen Erfahrung gleichen soll, die Sie früher einmal gemacht haben, verhindert Vertrautheit. Tatsächlich ist es ebenso möglich, eine vertraute Verbindung zu einem Fremden zu haben, während man für einen Kaffee ansteht, wie Sie sie mit Ihrem Partner in einer privateren Situation erleben können. Haben Sie das Talent, mit Fremden angenehme und aufschlussreiche Gespräche zu beginnen?

Kommen alte Ängste wieder hoch, wenn Sie sich verletzbar fühlen? Mangel an Vertrauen zu sich selbst oder einer anderen Person schwächt Vertrautheit. Nutzen Sie stattdessen Ihren Scharfblick, bevor Sie Ihr Herz öffnen. Lassen Sie die Lehren eines gebrochenen Herzens zur Weisheit des Scharfblicks werden. Mit einem wachen Bewusstsein werden Sie erkennen, wann Sie in einem vertrauten Austausch mit einem anderen Menschen Ihr Herz zeigen können.

Wünsche, die bei einem vertrauten Zusammentreffen empfunden werden, können verwirrend sein, wenn sie von sinnlichen oder sexuellen Gefühlen begleitet werden. Aber es ist ganz natürlich, dass man Sex haben möchte, wenn man vertraute und leidenschaftliche Gefühle spürt. Verschließen Sie Ihr Herz vor dieser Art von vertrauten Gesprächen mit anderen, weil Sie in einer festen Beziehung leben und sich selbst nicht trauen? Haben Sie Angst, die Liebe Ihres Partners zu verlieren? Seien Sie sich bewusst, dass vertraute und liebevolle Erfahrungen häufig kurz sind und nicht zu Sex oder Betrug führen müssen.

Scheuen Sie den Schmerz eines gebrochenen Herzens? Schmerz ist ein Teil menschlicher Liebe. Ein gebrochenes Herz öffnet Ihr Herz für Gottes Liebe. Seine Liebe ist die vertrauteste und persönlichste von allen, weil sie bedingungslos und ungeteilt ist. Das tiefere Verlangen, das Sie in vertrauten Verbindungen spüren, ist das nach Gottes reiner Liebe.

Der Engel der Vertrautheit wartet auf die Gelegenheit, Sie zu einer vertrauten Erfahrung mit Gott zu bringen, sodass Sie diese Liebe mit den Menschen in Ihrem Leben teilen können. Wenn Sie von Gottes Liebe erfüllt sind, haben Sie die Freiheit, Ihre ganzen Gefühle ohne Angst oder Selbstzweifel auszudrücken. Mit Gottes Liebe verliert die Angst ihre Herrschaft über Sie.

Was tun, um den Engel der Vertrautheit anzuziehen?

~ Schreiben Sie in einem Tagebuch über Ihre Erkenntnisse, Gefühle und Erfahrungen, damit Ihnen bewusst wird, wie Sie Vertrautheit ausweichen. Verwenden Sie Fragen aus dem vorigen Abschnitt, um Ihre Gedanken zu lenken. Wenn Sie das, was Sie geschrieben haben, lesen, bitten Sie den Engel, Sie zu der Erkenntnis zu führen, wie vergangene Erfahrungen Sie vor Gelegenheiten, Vertrautheit zu erleben, weglaufen lassen.

~ Machen Sie einem geliebten Menschen, mit dem Sie sich entzweit haben, ein Friedensangebot.

~ Laden Sie einen Bekannten, den Sie gerne besser kennen lernen möchten, zum Mittagessen ein.

~ Schreiben Sie ihrem vertrautesten Partner einen Liebesbrief.

~ Meditieren Sie zu den unten aufgeführten Musikstücken und konzentrieren Sie sich auf das Verlangen, Ihr Herz zu öffnen, um vertraute und befriedigende Verbindungen erleben zu können.

MUSIK:

- Sarah McLachlan, „Fumbling Towards Ecstasy", auf *Fumbling Towards Ecstasy*
- Jude, „I Know", auf *Music from the Motion Picture City of Angels*
- Creed, „Arms Wide Open", auf *Human Clay*

4.

 Verletzbarkeit

Das authentische Ich ist die sichtbar gemachte Seele.

— Sarah Ban Breathnach

D er Engel der Verletzbarkeit antwortet, wenn Ihre Seele um Hilfe bittet, indem Ihr Herz sich für die bedingungslose Liebe öffnet. Ein offenes, empfindsames Herz fühlt alles – die Qual des Lebens und die Ekstase der Liebe. Mitgefühl wird in einem empfindsamen Herzen geboren, denn es fühlt das Leiden anderer aus einer persönlichen Sicht. Jedes Mal, wenn Sie sich dem Schmerz eines offenen Herzens stellen, gewinnen Sie Kraft.

Ihre Seele sehnt sich nach Empfindsamkeit wegen der Erfüllung, die aus der Zärtlichkeit und der Bereitschaft zu fühlen, entsteht. Der einzige Schild für ein offenes, empfindsames Herz ist Liebe. In der Liebe werden selbst die schmerzvollsten Gefühle, die mit anderen Menschen geteilt werden, wunderbar.

Das größte Geschenk des Engels der Verletzbarkeit ist, dass er Sie zu einer tiefen Offenheit führt, in der Sie die Sehnsucht Ihrer Seele spüren können. In einem verletzbaren Zustand kann diese Sehnsucht, sich mit der ewigen Quelle zu verbinden, die die Heimat der Seele ist, verheerend erscheinen. Aber die Sehnsucht und die damit einhergehende Verletzbarkeit öffnen Ihnen die Tür zur Verbindung mit der Quelle bedingungsloser Liebe, die Ihre Seele nährt und befriedigt.

Sie haben jederzeit die Möglichkeit, zwischen Wahrheit und Illusion zu wählen. Eine Illusion ist ein Gedanke, Gefühl oder Verhalten, das Sie von der Liebe entfernt. Es ist eine Illusion, weil Ihre Seele, Ihr wahrhaftigster Teil, reine Liebe ist.

Das unechte Ich fürchtet die Verletzbarkeit, betrachtet sie als Schwäche und sucht nach Wegen, das Herz vor Gefühlen zu schützen. Das Ergebnis dieser Abwehrstrategien sind Verhärtung des Herzens, Arroganz und Angst. Geschieht etwas in Ihrem Leben, das dazu führt, dass Sie sich verletzbar fühlen? Welchen Weg schlagen Sie ein? Erlauben Sie sich, den Schmerz der Liebe zu spüren? Oder finden Sie Möglichkeiten, Ihr Herz vor dem Schmerz zu schützen? Der größte Nachteil von Verteidigungsstrategien ist der, dass sie all Ihre Gefühle kleiner machen.

Als Kind waren Sie sehr offen und gefährdet, emotional durch andere verletzt zu werden. Ihre heutigen Verteidigungsstrategien sind das Ergebnis dieser Verletzungen, die man Ihnen zugefügt hat, als Sie verletzbar waren. Wie lassen Sie Ihrerseits unabsichtlich andere leiden? Reden Sie gedankenlos? Sind Sie sarkastisch oder widersprechen Sie häufig? Bewerten oder kritisieren Sie andere? Das sind alles Verteidigungsstrategien. Wie schaden Ihnen diese Angewohnheiten?

Wie können Sie die Erkenntnisse, die Sie in Ihrem Leben gewonnen haben, nutzen, um statt Verteidigungsbereitschaft eine bessere Wahrnehmung zu entwickeln? Bitten Sie den Engel, Ihnen zu helfen, Ihre Verteidigungsstrategien zu erkennen und sie durch Gegenmaßnahmen zu verändern. Denken Sie über die Fragen und Punkte in diesem Abschnitt nach und machen Sie sich bewusst, wie Ihre Verteidigungsstrategien sich auf andere auswirken.

Was tun, um den Engel der Verletzbarkeit anzuziehen?

~ Wenn Sie über die Fragen und Punkte im vorigen Abschnitt nachdenken, um sich Ihrer Verteidigungsstrategien bewusster zu werden, schreiben Sie Ihre Entdeckungen und Erkenntnisse in ein Tagebuch.

~ Bitten Sie den Engel der Verletzbarkeit, Ihnen zu helfen herauszufinden, wie Sie sich verändern können. Beten Sie:

Lieber Engel der Verletzbarkeit, bitte hilf mir, die verhärteten Teile meines Herzens in Empfindsamkeit schmelzen zu lassen.
Hilf mir zu sehen, wie ich andere durch Angst wegstoße.
Zeig mir, wie ich mich ändern kann.
Ich möchte mehr Liebe empfinden.

~ Wir alle schulden irgendjemandem eine Entschuldigung. Entschuldigen Sie sich heute.

~ Wenn Sie sich das nächste Mal verletzbar fühlen, geben Sie es zu – nicht nur sich selbst gegenüber, sondern gegenüber der Person, bei der Sie sich verletzbar fühlen.

~ Meditation kann Sie stärken. Spielen Sie „Angel Love" von Aeoliah und lassen Sie Ihr Herz in Empfindsamkeit schmelzen. Das Bewusstsein und der Mut, den Sie in der Meditation erhalten, können zusammen mit dem Wunsch, sich durch Liebe mit anderen zu verbinden, Veränderungen vorantreiben. Mit einem offenen, zärtlichen Herzen können Sie sich mit Ihrer Seele verbinden und tiefe Liebe für sich selbst, für Gott und andere empfinden. Im Zustand der Empfindsamkeit können Wellen ekstatischer Freude Sie durchströmen. Gott kann Ihr Herz mit der Herrlichkeit seiner Gegenwart berühren.

5.

Kameradschaft

Das Wunderbare der Freundschaft liegt weder
in der ausgestreckten Hand noch im freundlichen Lächeln
noch in der Freude der Kameradschaft; es liegt in der geistigen
Inspiration, die der erfährt, der entdeckt, dass jemand an ihn glaubt
und bereit ist, ihm zu vertrauen.

— RALPH WALDO EMERSON
Amerikanischer Philosoph, Dichter, Essayist (1803–1882)

Der Engel der Kameradschaft bringt das Geschenk der liebenden Unterstützung. In Zeiten der Einsamkeit, Verlassenheit oder Traurigkeit hält ein liebender Kamerad Sie zärtlich fest. Wenn Sie entmutigt oder beunruhigt sind, hört ein Kamerad zu, ohne zu urteilen, und bestärkt Sie, Ihre guten Seiten zu finden. Wenn Sie sich für etwas schämen, das Sie getan haben, bringt ein Kamerad die Klarheit und Bestimmtheit, damit Sie das Geschehene loslassen und Ihr wahres Ich finden können. Ein hingebungsvoller Kamerad ist da, um Siege zu feiern und die Freude eines offenen, liebenden Herzens zu teilen.

Dieser Engel ist Ihr Vorbild für eine liebevolle Kameradschaft und hilft Ihnen, Ihren ewigen Kameraden, den Herrn, zu finden. Wenn Gottes Liebe Ihr Herz berührt, fühlen Sie seine zutiefst vertraute und befriedigende Kameradschaft. Jeder Lebensumstand ist erträglicher, wenn der Herr mit Ihnen ist.

Haben Sie bereits einen Vorgeschmack auf diese ewige Kameradschaft erfahren? Wie können Sie diese Liebe mit den Menschen in Ihrem Leben teilen? Der Engel der Kameradschaft ermöglicht es Ihnen, mit menschlichen Kameraden vertraute und erfüllende Beziehungen zu erleben. Erkennen und nutzen Sie diese Gelegenheiten?

In welchen Bereichen Ihres Lebens brauchen Sie Kameradschaft? Haben Sie einen Lebensgefährten? Stellen Sie an diese Beziehung Erwartungen, die Ihr Partner unmöglich erfüllen kann? Was fehlt? Vielleicht brauchen Sie verschiedene Arten von Kameradschaft, die ein Einzelner nicht befriedigen kann. Schätzen Sie Ihre Situation realistisch ein und bestimmen Sie, was Sie brauchen. Welche unrealistischen Erwartungen müssen Sie begraben, um zu Lösungen zu gelangen?

Fehlt Ihnen geistige Unterstützung? Bitten Sie den Engel um Hilfe bei der Suche nach einem geistigen Kameraden. Geistige Kameraden ermutigen einander und teilen Zuversicht. Bauen Sie eine Verbindung zu einem geistigen Kameraden auf. Bestärken Sie ihn, gemeinsam Ihr jeweiliges wahres Ich zu suchen. Führen Sie Gespräche, um Ihre Aufmerksamkeit auf den Geist zu lenken. Unterstützen Sie beim Loslassen. Bitten Sie den Engel, Ihnen dabei zu helfen, ein Kamerad zu werden, wie Sie gerne einen hätten.

Fühlen Sie sich allein oder verlassen? Wenn Sie keine Liebe empfinden, ist es schwer zu glauben, dass Gott oder irgendjemand sonst Sie lieben könnte. Doch vielleicht zeigt Ihnen der Engel der Kameradschaft durch die Einsamkeit, wie Sie aus Ärger oder Angst Liebe von sich stoßen.

Betrachten Sie Ihre Lebensumstände und suchen Sie nach Hinweisen. Wenn Sie sich zum Beispiel von Freunden und der Familie verlassen fühlen, wenn Sie glauben, dass niemand Sie liebt, fühlen Sie sich dann auch von Gott verlassen? Sind Sie zornig auf Gott und machen ihn für Ihre Situation verantwortlich? Während Sie sich verlassen fühlen, weil Sie seine Liebe nicht spüren, hat der Herr sich nie von Ihnen abgewandt und wartet darauf, Sie zu lieben und zu trösten. Beten Sie aufrichtig. Bitten Sie den Engel, Ihnen zu helfen, Schmerzvolles loszulassen und Ihr Herz der Liebe zu öffnen.

Was tun, um den
Engel der Kameradschaft anzuziehen?

~ Schreiben Sie Ihre Erfahrungen spiritueller Liebe und Kameradschaft auf. Vielleicht fühlten Sie in der Not jemanden neben sich oder erhielten unerwartet Ermutigung. Erinnern Sie sich an das Positive dieser Erfahrung. Überlegen Sie, wie Sie die Vorzüge einer Kameradschaft mit anderen teilen können.

~ Schreiben Sie die Gefühle und Wünsche, die beim Nachdenken über den vorigen Abschnitt entstehen, auf. Was können Sie tun, um zu Lösungen zu gelangen? Wenn Ihr Partner zum Beispiel nicht Ihr geistiger Kamerad sein kann, finden Sie jemanden, der diesen Bereich Ihres Lebens mit Ihnen teilen kann.

~ Wenn Sie einsam sind, bitten Sie den Engel, Ihnen zu helfen, Ihr Herz der Liebe zu öffnen, indem Sie beten:

Geliebter Engel der Kameradschaft, berühre mein Herz mit der ewigen Kameradschaft meines Herrn und zeige mir, wie ich anderen ein liebevoller Kamerad sein kann.

~ Pflegen Sie Kameradschaft und trinken Sie mit einem neuen Freund Kaffee.

~ Bitten Sie jemanden, Ihr spiritueller Freund zu sein.

~ Hinterlassen Sie inspirierende Botschaften für Ihren spirituellen Freund.

~ Meditieren Sie zu der hier aufgeführten Musik. Öffnen Sie Ihr Herz und spüren Sie den Wunsch, die liebevolle Umarmung des Engels oder Ihres Herrn zu fühlen.

MUSIK:

  * Bette Midler, „Wind Beneath My Wings", auf *Experience the Divine Bette Midler: Greatest Hits*
  * Sade, „By Your Side", auf *Lovers Rock*
  * Eagles, „Love Will Keep Us Alive", auf *Hell Freezes Over*

6.

Respekt

Frei zu sein heißt nicht nur, die Ketten abzuwerfen,
sondern so zu leben, dass man die Freiheit anderer respektiert und stärkt.

— NELSON MANDELA
Südafrikanischer Staatsmann

Der Engel des Respekts möchte Ihnen helfen, die Freiheit zu finden, die Respekt Ihnen gibt. Respekt ist sowohl ein Bewusstseinszustand als auch ein Gefühl. Wenn Sie für jemanden Respekt empfinden, spüren oder fühlen Sie den Wert dieser Person. Respekt entsteht, wenn man die persönlichen Qualitäten eines Menschen erkennt, und geht manchmal mit Wertschätzung, Verehrung oder Liebe einher.

Üben Sie Respekt, indem Sie sich bewusster machen, wie Sie gewöhnlich über Menschen denken. Wenn Sie zum Beispiel Lebensmittel einkaufen, suchen Sie dann bei den Menschen um sich herum automatisch nach etwas, wonach Sie sie beurteilen? Nutzen Sie diese Gelegenheit und bitten Sie den Engel, Ihnen zu helfen, Ihr gewohntes Denken zu ändern und bei den Menschen um Sie herum etwas zu suchen, das Sie respektieren können.

Respekt öffnet Ihr Herz und befreit Sie von den Fesseln der Eifersucht und Bewertung. Respekt ist eine Qualität Ihrer Seele, während Eifersucht und Bewertung Sie von der Liebe entfernen. Der Engel des Respekts möchte Ihr Herz mit Wahrheit berühren, sodass größere Liebe entstehen kann und Ihre Beziehung zu anderen stärken kann.

Welche Eigenschaften, die Sie respektieren können, finden Sie an sich selbst? Nehmen Sie sich etwas Zeit, um die Qualitäten Ihrer Seele zu erkennen, die Sie wertvoll machen. Sind Sie ein hingebungsvoller Elternteil oder Partner? Bemühen Sie sich, andere zu ermutigen, wenn sie es brauchen? Trägt ein Gefühl der Entschlossenheit Sie durch schwierige Zeiten? Was entzündet Ihre Leidenschaft? Sind Sie ein vertrauenswürdiger Freund? Schreiben Sie in Ihrem Tagebuch über die Qualitäten Ihrer Seele.

Zeigt Ihnen der Engel des Respekts, dass Sie in einer bestimmten Beziehung jemanden bewerten? Stimmt das? Was bewerten Sie an dieser Person? Wie hindern die Bewertungen Sie daran, die wertvollen Eigenschaften dieser Person zu erkennen? Beurteilen Sie diese Person, um Ihr eigenes unbehagliches Gefühl zu kompensieren? Wodurch entsteht dieses Unbehagen?

Sind Sie offen für die Entdeckung, dass jemand anders und dennoch wertvoll sein kann, oder betrachten Sie dieses Anderssein als falsch, weil die Person nicht so ist, wie sie Ihrer Ansicht nach sein sollte? Nichts ist falsch. Auch wenn es Menschen gibt, die Sie nicht verstehen, sollten Sie ihre Besonderheiten dennoch respektieren. Machen Sie sich dies bewusst, dann können Sie alte Beurteilungsmaßstäbe aufgeben und bessere und befriedigendere Beziehungen zu allen Menschen haben.

Was tun, um den Engel des Respekts anzuziehen?

~ Seien Sie sich Ihrer Gedanken bewusst. Achten Sie darauf, wenn Sie andere beurteilen. Richten Sie dann Ihre Aufmerksamkeit auf Eigenschaften, die Sie respektieren können.

~ Finden Sie Eigenschaften, die Sie an sich selbst respektieren. Schreiben Sie darüber in Ihrem Tagebuch.

~ Gehen Sie mit jemandem, den Sie respektieren, zum Mittagessen und erzählen Sie dieser Person, wie sehr und warum Sie sie bewundern.

~ Wählen Sie eine Person, die Sie respektieren, als Vorbild aus – ob das nun ein Minister Ihres Landes oder Mutter Teresa ist – und eifern Sie ihr nach.

~ Beten Sie. Bitten Sie so den Engel, Ihnen zu helfen, wenn Sie sich beim Beurteilen ertappen. Schreiben Sie Ihr eigenes Gebet oder das folgende auf eine Karteikarte und tragen Sie diese bei sich, damit Sie das Gebet haben, wenn Sie es brauchen.

> *Engel des Respekts, bitte halte dich jetzt bereit.*
> *Hilf mir, mich von meinen Beurteilungen abzuwenden,*
> *damit ich die wertvollen Eigenschaften dieser Person erkenne.*
> *Lehre mich, durch Respekt eine stärkere liebevolle Verbindung*
> *zu dieser Person zu empfinden.*

~ Meditieren Sie, wenn Sie spüren, dass Sie jemanden beurteilen und die Sicht dieses Menschen nicht verstehen können. Spielen Sie das Lied „I'll Stand By You" von den Pretenders, während Sie den Engel bitten, Ihnen zu helfen, Bewertungen aufzugeben. Versuchen Sie, mit den Augen des anderen zu sehen und die Wünsche dieser Seele zu empfinden. Seien Sie entschlossen, am Ende des Liedes in der Lage zu sein, zu dieser Person zu halten und Respekt zu empfinden.

7.

Ermutigung

Fähigkeiten verdorren unter Nörgelei,
erblühen bei Ermutigung.

— Donald A. Laird
Anwalt

S ind Sie entmutigt? Der Engel der Ermutigung reagiert auf Ihre Not und hilft Ihnen, sich auf die Wahrheit zu konzentrieren. Der erste Schritt ist das Erkennen der eigenen Lage. Nehmen Sie sich Zeit, um Ihre Situation zu analysieren und kurz zu beschreiben. Notieren Sie dies. Wie fühlen Sie sich in Ihrer Lebenssituation? Welche wiederkehrenden Gedanken haben Sie?

Wenn eine Lebenssituation Sie herausfordert, verfängt sich Ihr Geist vielleicht in Selbstbewertung und negativen Gedanken, wodurch die Situation noch schlimmer erscheint. Sie konzentrieren sich auf das, was Sie an sich nicht mögen, und bestätigen sich endlos Ihre Fehler. Diese negative Denkweise können Sie ändern. Ein erster Schritt dazu ist, klar zu erkennen, was Sie tun. Der zweite ist, sich ernsthaft um Änderung zu bemühen. Das wird den Engel der Ermutigung anziehen. Der dritte Schritt besteht darin, offen und bereit zu sein für die Hilfe des Engels.

Wenn Sie sich in negativen Gedanken verfangen, hören Sie auf damit. Achten Sie darauf, welche negativen Gedanken das sind. Konzentrieren Sie sich auf etwas anderes. Was wünscht sich Ihre Seele am meisten? Wie kann dieser Wunsch Ihre Entscheidungen genau jetzt lenken? Was können Sie tun, um Ihr Ziel zu erreichen? Beschäftigen Sie Ihren Geist, indem Sie gründlich durchdenken, wie Sie Ihr Ziel erreichen können.

Kontemplation ist ein sehr wirkungsvolles Mittel, um negative Denkgewohnheiten zu verändern. Fragen Sie sich: „Woran könnte ich denken?" Diese Frage eröffnet viele Möglichkeiten. Lässt Sie das nicht aufleben? „Woran könnte ich denken? Wow! Eigentlich könnte ich über viele Dinge nachdenken, die interessanter sind, als gegen meine Selbstbewertung anzukämpfen."

Halten Sie inne, wenn Sie sich beim Kämpfen ertappen. Richten Sie Ihre Gedanken neu aus. Fragen Sie sich: „Worauf möchte ich mich konzentrieren? An welchem Punkt kann ich am produktivsten ansetzen?" Treffen Sie Entscheidungen bezüglich Ihrer Situation auf der Grundlage klarer, intelligenter Gedanken und nicht aufgrund von Angst oder negativen Reaktionen. Unternehmen Sie etwas, das hilft. Bitten Sie den Engel der Ermutigung, Sie zu leiten.

Momente der Entmutigung sind gute Gelegenheiten, um tiefere Beziehungen zu Menschen und auch zu Ihrem Engel zu erleben. Dies geschieht, wenn Sie es zulassen, verletzlich und empfänglich zu sein, während Sie sich emotional wund fühlen. Wem können Sie zutrauen, Sie so zu ermutigen, dass es Ihnen gut tut? Öffnen Sie diesem verlässlichen Menschen Ihr Herz. Seien Sie aufnahmebereit.

Vielleicht möchte der Engel, dass Sie jemandem helfen, dass Sie Ihren Einfluss auf die Menschen in Ihrem direkten Umfeld – Freunde, Familie, Kollegen – nutzen. Steht jemand, den Sie gut kennen, vor großen Herausforderungen und fühlt sich entmutigt? Können Sie mit einem mitfühlenden Herzen zuhören und ermutigen? Ermutigung bedeutet, sich auf die Wahrheit in dieser Situation zu konzentrieren. Finden Sie eine Wahrheit, die aus der Tiefe der Seele kommt und in schwierigen Zeiten als Leuchtfeuer dienen kann.

Untersuchen Sie, wie Sie mit anderen umgehen. Ermutigen Sie sie oder kritisieren Sie ihre Bemühungen? Was können Sie an der Art, wie Sie mit anderen sprechen, ändern, um eine größere Stütze zu sein? Bitten Sie den Engel Ihnen zu helfen, den Teil Ihrer Seele zu finden, der aufrichtig mitfühlend ist.

Was tun, um den Engel der Ermutigung anzuziehen?

~ Wenn Sie sich entmutigt fühlen, helfen Sie anderen in noch größeren Notlagen. Helfen Sie in einer Suppenküche aus, lesen Sie Blinden vor oder bringen Sie älteren Nachbarn Suppe.

~ Wenn Sie sich dabei ertappen, immer tiefer in negative Gedanken zu versinken, halten Sie inne und richten Sie Ihre Gedanken neu aus.

~ Konzentrieren Sie sich auf den größten Wunsch Ihrer Seele. Stellen Sie einen Plan auf, um Ihr Ziel zu erreichen. Unternehmen Sie etwas, das Sie diesem Wunsch näher bringt. Bitten Sie den Engel der Ermutigung um Führung.

~ Wenn Menschen, die Sie lieben, entmutigt sind, versuchen Sie, sie aufzumuntern.

~ Spielen Sie Enrico Morricones Filmmusik zu *The Mission*, während Sie über die soeben erörterten Fragen nachdenken und nach Handlungsmöglichkeiten suchen. Lassen Sie sich von der Musik tief in Ihr Inneres tragen und denken Sie aus der Tiefe der Seele heraus.

~ Damit sich Ihr Herz öffnet, um Ermutigung zu empfangen und die Berührung des Engels zu spüren, spielen Sie „All Love Can Be" von Charlotte Church auf *Prelude: Best of Charlotte Church* oder „I Know What Love is" von Celine Dion auf *One Heart*. Bitten Sie den Engel, Sie dabei zu unterstützen, in Ihrem Herzen jenes Mitgefühl zu finden, das man in der Musik spüren kann, sodass Sie anderen ein ermutigender Freund sein können, jemand, der aus aufrichtigem Interesse zuhört.

8.

Tiefe

Unser Glaube erscheint in Augenblicken …
doch diese kurzen Momente sind so tief, dass wir ihnen mehr
Wirklichkeit zuschreiben müssen als allen anderen Erfahrungen.

— RALPH WALDO EMERSON
Amerikanischer Philosoph, Dichter, Essayist (1803–1882)

———

Der Engel der Tiefe möchte Sie tief in Ihre Seele führen. Ihre Seele ist Ihr wahrhaftigster Bereich. In dieser Tiefe nehmen Sie Verbindung mit der Quelle Ihres Seins auf, jenem Ort, an dem der Zweck Ihres Lebens sich enthüllt. Hier haben Sie Zugang zu göttlicher Intelligenz, um Informationen zu erhalten, die Sie leiten. In der Tiefe Ihrer Seele durchströmt bedingungslose Liebe Ihr Herz und bringt Heilung und Erfüllung. Vertrauensvolle Verbindungen zu anderen sind möglich, weil Ihr Herz und Ihre Seele von der Liebe geöffnet werden.

Sich überfordert und verwirrt zu fühlen, hindert Sie daran, Tiefe und eine Verbindung zur Quelle zu erleben. Immer wenn Sie sich überfordert oder verwirrt fühlen, sind Sie in einem oberflächlichen Gemütszustand eingesperrt. Um tiefer zu gehen, müssen Sie zunächst innehalten und sich fragen, warum Sie stehen bleiben. Richten Sie Ihr Denken, Ihre Gefühle und Handlungen neu aus, sodass Sie in die von Ihnen gewählte Richtung laufen.

Vielleicht haben Sie eine lange Liste von Dingen, die Ihre ganze Aufmerksamkeit erfordern. Jedes scheint dringend. Haben Sie das Gefühl, zerrissen zu sein, von einer Aufgabe zur nächsten zu hasten und nie Fortschritte zu machen? Wenn Sie über die Aufgaben nachdenken, haben Sie dann das Gefühl, daran zu arbeiten, obwohl Ihre Gedanken ständig Bekanntes wiederholen und nicht zu Fortschritten oder Lösungen führen?

Wenn Sie merken, dass Ihr Geist sich in dem Gefühl der Überforderung und Verwirrung verstrickt, halten Sie ihn an. Hören Sie nicht hin. Atmen Sie durch. Was ist die tiefere Wahrheit? Konzentrieren Sie sich auf die dringendste Aufgabe und suchen Sie eine Tätigkeit, die Sie in die Richtung führt, in die Sie gehen möchten. Halten Sie inne und richten Sie Ihre Gedanken neu aus. Das Innehalten holt Sie aus Ihrer mentalen Verwirrung heraus und die Neukonzentration bringt Sie tiefer in Ihr Inneres, wo Sie erkennen können, wie Sie sich ausrichten müssen.

Was tun, um den Engel der Tiefe anzuziehen?

~ Halten Sie inne und richten Sie Ihre Gedanken neu aus, wenn Ihr Geist in dem Gefühl der Verwirrung und Überforderung feststeckt. Bitten Sie den Engel darum, dafür Ruhe zu finden.

~ Denken Sie über Fragen nach, die zu größerer Selbsterkenntnis und zu einer Tiefe führen, in der Sie sich mit Ihrer Seele verbinden können. Die Seele ist das Bindeglied zur göttlichen Intelligenz und zu den Antworten, die Sie brauchen. Denken Sie über jede der folgenden Fragen nach. Schreiben Sie Ihre Gedanken, Gefühle und Erkenntnisse auf. Die Einsichten, die Sie dadurch erhalten, sollten Ihnen helfen, sich zu ändern.

- Verwirrt Sie etwas?
- Was verwirrt Sie?
- Wie halten Sie den Zustand der Verwirrung aufrecht?
- Helfen Ihnen Verwirrung oder das Gefühl der Überforderung dabei, etwas aus dem Weg zu gehen?
- Fühlen Sie sich vor der Notwendigkeit, sich zu verändern, sicher, wenn Sie nicht wissen, was Sie tun sollen?

- Erlaubt Ihnen das Gefühl, verwirrt oder überfordert zu sein, Verantwortung aus dem Weg zu gehen?
- Was tun Sie, wenn Sie sich wirr fühlen und keine Kontrolle darüber haben?
- Wird alles zu einem riesigen, unlösbaren Problem?
- Wenn Sie sich wirr fühlen, können Sie dann noch bestimmen, wie es anfing?
- Erkennen Sie typische Merkmale Ihrer Verwirrung?
- Wie können Sie schneller aus diesem Zustand herausfinden?

~ Das größte Geschenk aus der Tiefe Ihrer Seele ist die Erfahrung bedingungsloser Liebe. Meditieren Sie und vertiefen Sie sich in Ihre Seele. Hören Sie Musik, die Sie tiefer bringt, zum Beispiel „Adagio for Strings" von Samuel Barber und das Album *Out of the Depths* von Terry Oldfield.

~ Schenken Sie sich ein Wochenende, um sich zurückzuziehen und tief in Ihre Seele zu reisen. Bitten Sie den Engel, Sie anzuleiten, wie Sie den Meditationsraum vorbereiten sollen. Bauen Sie einen Altar mit Bildern oder Gegenständen, die Ihnen helfen, zu Ihrer Seele zu gelangen. Blumen, Kerzen und Weihrauch können eine heilige Atmosphäre schaffen. Richten Sie sich bequem ein, sodass Sie lange sitzen können. Sie können Freunde zu dieser Meditation einladen oder sie als persönliche Zeit mit Ihrer Seele genießen. Legen Sie Musik, Papiertücher, Wasser und ein Kissen oder Handtuch zurecht. Hören Sie Musik, die die Konzentration auf Ihr Inneres unterstützt, zum Beispiel „Adagio for Strings" und das Album *Out of the Depths*.

Beten und meditieren Sie mindestens drei Stunden täglich, um die Tiefen Ihrer Seele zu fühlen. Lassen Sie sich mit den entstehenden Gefühlen treiben: Weinen, lachen, schreien, tanzen Sie, lassen Sie los und öffnen Sie sich für mehr – konzentrieren Sie sich dabei immer auf eine tiefe Verbindung zur Quelle und zu Ihrer Seele. Schreiben Sie nach jeder Sitzung Ihre Erfahrungen auf und erkennen Sie, was Sie erhalten haben. Welche Schätze haben Sie in Ihrer Seele entdeckt?

9.

⊸∾⧖ Vertrauen und Glaube ⧗∾⊶

Sogleich aber streckte Jesus die Hand aus,
ergriff ihn und sprach zu ihm:
Kleingläubiger, warum zweifelst du?

— MATTHÄUS 14, 31

~

D ie Engel des Vertrauens und Glaubens antworten auf den Schrei
Ihrer Seele nach der Verbindung mit der Quelle. Glaube kommt
aus der Seele, aus einem Teil von Ihnen, der einfach weiß. Begeben
Sie sich zu dem Ort in Ihrer Seele, der unerschütterlich glaubt.

Vertrauen kommt aus dem Geist und dem Herzen. Sie beschließen zu
vertrauen und handeln dann entsprechend. Vertrauen kann verloren gehen,
wenn etwas Unerwünschtes passiert, aber der Glaube ist eine Eigenschaft der
Seele und verlässt Sie nie. Auf den Glauben können Sie immer bauen.
Stärkeren Glauben kann man finden, indem man vertraut und Dinge tut, die
zu Glaubenserfahrungen führen.

Der Apostel Petrus befand sich während eines schrecklichen Sturms auf
seinem Boot. Jesus erschien auf dem Wasser und Petrus fragte ihn:

„Herr, wenn du es bist, so befiehl mir, auf dem Wasser zu dir
zu kommen." Er aber sprach: „Komm!" Und Petrus stieg aus
dem Schiff und ging auf dem Wasser zu Jesus. Als er aber
den starken Wind sah, fürchtete er sich; und als er anfing zu

sinken, schrie er und sprach: „Herr, rette mich!" Sogleich aber streckte Jesus die Hand aus, ergriff ihn und sprach zu ihm: „Kleingläubiger, warum zweifelst du?"

– Matthäus 14, 28–31

Was erfordert es in Ihrem Leben, dass Sie stärker vertrauen und glauben? Was macht Sie ängstlich und lässt Sie zweifeln? Welche Zweifel verschließen Ihr Herz? Gott kennt Ihre Bedürfnisse, bevor Sie sie kennen. Er versucht, das, was Sie brauchen, bereitzustellen, bevor Sie wissen, dass Sie es brauchen. Erkennen Sie diese Hilfeleistung? Wenn Sie keine Beziehung zu Gott oder Jesus haben, finden Sie etwas, das größer ist als Sie und das Sie in Ihrer Seele spüren können. Es ist egal, mit welchen Worten Sie die Wohltaten des Geistes beschreiben.

Der menschliche Geist wird Gottes Wege nie verstehen. Suchen Sie stattdessen nach der Bereitschaft zu vertrauen und zu empfangen, ohne zu verstehen. Geben Sie nicht auf, wenn Sie zweifeln. Erkennen Sie, dass Sie auf Zweifel stoßen und durchbrechen Sie sie. Glaube ermöglicht es Ihnen, alles durchzustehen, denn der Glaube kommt aus dem wahrhaftigsten Teil Ihres Wesens.

Die Notwendigkeit zu überleben schafft Zweifel und entfernt Sie von Gott. Haben Sie Vertrauen darauf, dass Gott Ihnen die Fähigkeit geben wird, auf das zu achten, was für Ihr Überleben nötig ist. Der Herr versieht Sie mit allem, was Sie brauchen, um seine Forderungen zu erfüllen. Information, Verbindungen, alles, was Sie brauchen, kann zu einem gläubigen Herzen gelangen. Seien Sie wachsam. Wenn der Geist möchte, dass Sie etwas erhalten, kommt das Geschenk häufig unerwartet und ist da, bevor Sie wissen, dass Sie es brauchen.

Strecken Sie Ihre Hand nach Jesus aus, so wie Petrus es getan hat, oder nach den Händen der Engel des Vertrauens und Glaubens. Vertrauen Sie dem Glauben Ihrer Seele und unternehmen Sie die notwendigen Schritte. Streifen Sie die Zweifel ab, so wie Sie einen Pullover ausziehen. Konzentrieren Sie sich auf den Wunsch, die Zweifel loszuwerden. Suchen Sie Wahrheit. Die größte Belohnung von Vertrauen und Glaube ist die Erfahrung bedingungsloser Liebe. Verbunden mit dem Geist können Sie persönlich Liebe erleben.

Was tun, um die
Engel des Vertrauens und Glaubens
anzuziehen?

~ Wenn Zweifel Sie plagen, hören Sie „Get Off My Back" von Bryan Adams aus dem Soundtrack zum Film *Spirit: Der Wilde Mustang* und tanzen Sie die Zweifel weg. Bitten Sie Jesus oder die Engel, Ihre Hand zu nehmen und Sie von den Zweifeln zum Glauben zu ziehen. Tanzen Sie, bis Sie Vertrauen oder Glauben empfinden und tun können, was Sie tun müssen.

~ Rufen Sie einen Freund an und beschreiben Sie, was Sie gerade tun, um größeres Vertrauen und stärkeren Glauben zu finden.

~ Meditieren oder tanzen Sie zu „Personal Jesus" von Depeche Mode auf dem Album *Violator* oder zu „All Fired Up" von Pat Benatar auf *The Very Best of Pat Benatar* und lassen Sie die Kraft der Überzeugung in der Musik Ihren Glauben entfachen. Öffnen Sie mit diesem Gefühl Ihr Herz, bieten Sie den Engeln Ihre Hand und bitten Sie um eine Erfahrung, die Ihren Glauben und Ihr Vertrauen stärkt. So wird eine Zeit kommen, in der sich alles für Sie aneinander reiht und Sie eine tiefe Verbindung erleben, in der Ihre Wunden durch den Glauben geheilt werden können.

10.

Würdigkeit

Das ständige Beten hat keine bestimmte Form und keine Wörter.
Es ist der Zustand des Einsseins mit Gott.

— PEACE PILGRIM
Amerikanischer religiöser Führer (1908–1981)

⁓⌣⁓

Jeder ist der Liebe Gottes würdig. Gott wartet darauf, dass Sie zu ihm
kommen. Mit offenen Armen wartet er darauf, Sie zu umarmen. Der
Herr ist Ihr bester Freund und ruft Sie heim in seine Gegenwart. Er
wartet darauf, dass Sie einen Schritt auf ihn zu machen. Sie sind seiner
Liebe würdig. Nichts, was Sie getan haben, ändert daran etwas. Gott sieht nur
das Licht und die Liebe in Ihrer Seele.

Der Engel der Würdigkeit entstammt der persönlichen Liebe Gottes für
Sie. Der größte Wunsch dieses Engels ist es, dass Sie in der Liebe Gottes leben.
Um Ihnen zu helfen, sich mit Gott zu verbinden, bringt dieser Engel Ihnen die
Eigenschaften Demut und Hingabe, die Sie brauchen, um Ihre Würdigkeit in
Gottes Liebe zu erfahren. Um Ihr Gefühl der Würdigkeit zu entdecken,
versuchen Sie, in Hingabe und Gebet niederzuknien und Gott zu bitten, Ihr
Herz mit seiner Liebe zu berühren. Während Sie beten, kniet der Engel mit
dem Wunsch neben Ihnen, dass die Liebe des Herrn Sie berühren möge.

Womit ist Ihr Selbstwertgefühl verbunden? Hängt es davon ab, wie viel
Geld Sie verdienen? Ein Hinweis dafür ist es, wenn Sie sich überlegen oder
besser fühlen, wenn Sie mehr Geld haben, und sich schämen oder unterlegen

fühlen, wenn Sie nicht genug haben. Hängt Ihr Selbstwertgefühl mit Ihrem Aussehen zusammen? Ein Indiz für diese Illusion ist es, wenn Sie sich gut fühlen, wenn Sie gut aussehen, und es Ihnen peinlich ist, wenn Sie einen Makel haben oder Ihre Kleidung schäbig ist. Vielleicht beeinflusst Ihr Zuhause oder Ihr Auto Ihre Meinung von sich.

Wie bestimmt Ihr Verhalten Ihre Gefühle in Gegenwart anderer Menschen und bei Gott? Wenn Sie deprimiert sind, spiegelt sich das dann in Ihrem Aussehen? Tragen Sie Ihre schlechteste Kleidung und vernachlässigen sich selbst und rechtfertigen sich damit, dass es „bequemer" sei? Unternehmen Sie etwas gegen diese Neigung. Kleiden Sie sich jeden Tag attraktiv. Wenn Sie es nicht für sich selbst tun können, tun Sie es für den Herrn.

Wahre Würdigkeit ist eine Qualität der Seele, Ihres wahren Ichs. Die Seele liebt sich selbst uneingeschränkt und ist der Liebe Gottes würdig. Diese Erfahrung geht sehr viel tiefer als übliche Vorstellungen von Selbstachtung. Sie hängt mit Ihrer Verbindung mit der Quelle zusammen.

Wenn Sie Gottes Liebe erleben, empfinden Sie gleichzeitig Liebe zu sich selbst und zu anderen. Offenheit und Empfänglichkeit sind Teil der Würdigkeit. Sie spüren Vitalität und Leidenschaft – das Gefühl, lebendig zu sein –, wenn Sie sich dem Herrn mit offenem Herzen und Geist nähern.

Würdigkeit schließt ein „Ja" ein. „Ja, Herr, ich werde tun, was du willst." In einer offenen und empfänglichen Würdigkeit können Sie den Willen des Herrn hören. Was Gott von Ihnen verlangt, mag Sie ängstigen, aber Sie können die Hand Ihres Engels ergreifen und um Mut bitten. Der Herr gibt Ihnen alles, was Sie brauchen, um seine Wünsche zu erfüllen. Wenn Sie „Ja" sagen, wird der Herr Ihr Herz mit Liebe und Ihren Geist mit Intelligenz füllen.

Was tun, um den Engel der Würdigkeit anzuziehen?

~ Meditieren Sie, um sich mit der tieferen Selbstliebe in Ihrer Seele zu verbinden. Spielen Sie „Breath of Heaven" von Amy Grant auf dem Album *Home for Christmas*, um Demut und Hingabe zu empfinden, die Sie mit der Würdigkeit verbinden können. Suchen Sie in diesem Zustand des Verbundenseins nach Dingen, die Sie tun können, um Ihr Gefühl von Unwürdigkeit zu beenden.

~ Wenn die Würdigkeit triumphiert oder wenn Sie sich ermutigt und gestärkt fühlen möchten, hören Sie „Life Uncommon" von Jewel auf dem Album *Spirit*. Bitten Sie den Engel, Ihnen zu helfen, Ihre besten Eigenschaften zu erkennen und zu schätzen. Schreiben Sie über diese Eigenschaften in Ihr Tagebuch.

~ Tun Sie etwas, um die wahre Würdigkeit in sich zu finden. Erkennen Sie, wenn ein Gefühl der Unwürdigkeit Sie erfasst, und tun Sie etwas dagegen. Beten und meditieren Sie und bitten Sie den Engel um Hilfe, Gottes Liebe zu Ihnen, Ihre Liebe zu sich selbst und Ihre Liebe zu anderen zu finden. Die Liebe ist da und wartete nur darauf, dass Sie nach ihr suchen. Hier sind einige Möglichkeiten, wie Sie das tun können:

- Wenn Sie sich vernachlässigt haben, verbessern Sie Ihr Aussehen, indem Sie Ihre Haare schneiden lassen, Ihre Haarfarbe auffrischen oder sich die Haare färben.

- Gehen Sie zur Maniküre oder Pediküre, um sich umsorgt zu fühlen.

- Nehmen Sie ein entspannendes Bad, wenn Sie sich ängstlich fühlen.

- Räumen Sie Ihren Schrank auf und geben Sie alte Kleidungsstücke weg, um alte Pfade zu verlassen und neue Qualitäten in sich zu entdecken. Behalten Sie nur, was Ihnen hilft, sich würdig zu fühlen.

- Geben Sie alles weg, was Sie nicht benutzen, was nicht passt und was Sie als alt empfinden. Geben Sie das anderen, die es brauchen können.

11.

Demut

Der Gipfel der Seele wird in Liebe erreicht,
und jene, die die Höhen durch grimmige unmenschliche Anstrengung
erstürmen wollen, täuschen sich selbst schmerzlich
und tragen in sich grimmige Herzen.
Denn sie haben nicht die Tugend der heiligen Demut,
die allein die Seele zu Gott führen kann.

— MECHTHILD VON MAGDEBURG
Deutsche Mystikerin des 13. Jahrhunderts

Mit Ehrfurcht vor seiner Herrlichkeit und demütig angesichts seiner mitfühlenden Sorge für die Menschen kniet der Engel der Demut vor dem Allmächtigen.

Der Engel der Demut hilft Ihnen, sich zu öffnen, um den Willen des Herrn zu hören. In Offenheit und Demut treten Sie in den Strom seiner Energie, seiner Wege und der Information, die er schickt. Im Zustand der Demut sind Sie bereit, die Möglichkeiten zu ergreifen und die Verbindungen zu Menschen aufzunehmen, die Gott für Sie arrangiert. Er möchte, dass Sie die Liebe in Ihrem Herzen finden und in Ihrem Leben teilen.

Das Gefühl der Demut ist am stärksten in der Liebe und Weisheit des Herrn. Wenn Sie die Demut annehmen, sind Sie der Liebe, Energie und Führung Gottes würdig und der Wahrheit, die Sie in sich finden sollen.

Welche Wahrheit enthüllt Ihnen der Engel? Es braucht Demut, um die Wahrheit zu hören. Sie kann in den Aussagen anderer liegen. Fühlen Sie sich beschämt, wenn jemand Sie auf etwas hinweist, was Sie falsch gemacht haben, oder Ihre negativen Eigenschaften kritisiert? Scheint es Ihnen, als verstünden die Menschen Sie nicht? Errichten Sie Schutzmauern um sich, zum Beispiel Selbstgerechtigkeit oder das Gefühl, Recht zu haben? Verteidigen Sie etwas, das Sie eigentlich an sich selbst nicht mögen?

Wenn Sie glauben, diese negativen Eigenschaften zu haben, dann fühlen Sie sich verletzbar, wenn irgendjemand sie offen legt. Aber Gefühle wie Demütigung, Scham, Verlegenheit und Schuld sind Illusionen und nicht Ihr wahres Ich. Der Engel holt die Demut aus Ihrer Seele hervor.

Finden Sie den wahren Teil in sich, der zuhören und sich verändern will. Was können Sie lernen? Wenn Sie denken, Sie wüssten bereits alles, sind Sie nicht mehr offen für Neues. Sie können keine Liebe finden, wenn Sie glauben, Sie wüssten bereits alles darüber. Liebe ist in jedem Moment einzigartig. Es braucht Demut oder Offenheit, um zu erkennen, wie Liebe jetzt, in diesem Moment, zu Ihnen kommt.

Der Engel hilft Ihrer Seele, unter Ihren Illusionen hervorzukommen. Ihre Seele ist ein Wesen aus reinem Licht, Liebe und Wahrheit; wenn Sie aufhören, auf der Grundlage von Illusionen zu handeln, kann Ihre Seele mit ihren positiven Eigenschaften hervorkommen und in Ihrem Leben dominierender werden.

Hilfe von anderen anzunehmen, ist eine andere Form der Demut. Schrecken Sie zurück, wenn jemand Ihnen Hilfe anbietet? Fühlen Sie sich schuldig, wenn Sie um Hilfe bitten? Wenn Sie das Gefühl haben, dass mit Ihnen etwas nicht stimmt, wenn Sie Hilfe brauchen, hindert das andere daran, Sie zu lieben. Wenn Sie um Hilfe bitten, klingt das dann nach Bedürftigkeit, weil Sie glauben, dass Sie keine Hilfe verdienen oder dass mit Ihnen etwas nicht stimmt?

Demut lässt Sie offen und klar um Hilfe bitten: „Ich kann das nicht, bitte hilf mir."

Genauso ist es, wenn Sie Gott bitten, Ihnen zu helfen, sich zu ändern. Bitten Sie in Offenheit um Hilfe. Wenn Sie für Gottes Hilfe empfänglich sind, kann sehr viel mehr geschehen, als wenn Sie sich auf psychologische oder spirituelle Prozesse verlassen.

Was tun, um den
Engel der Demut anzuziehen?

~ Bitten Sie aus demütigem und starkem Herzen um Hilfe.

~ Welche Wahrheit versuchen die Menschen oder Ereignisse in Ihrem Leben Ihnen zu zeigen? Denken Sie über die Beschreibung von Demut nach, um zu erkennen, wie Sie sich vor Hilfsangeboten verschließen. Schreiben Sie Ihre Gedanken, Fragen und Entdeckungen auf. Bitten Sie den Engel um Unterstützung, damit Sie mit klarem und offenem Herzen Hilfe annehmen können.

~ Wenn jemand Sie auf etwas hinweist, entdecken Sie in sich die Stelle, die hören möchte, und hören Sie dankbar zu. Danken Sie der Person, dass Sie Interesse an Ihnen hat und Ihnen diese Perspektive anbietet.

~ Wenn Sie auf ein Hilfsangebot mit Ärger oder Zorn reagiert haben, werden Sie demütig und entschuldigen Sie sich.

~ Stärken Sie den Wunsch, alte Verhaltensweisen abzuschütteln und von dem Engel etwas Neues zu empfangen. Das Lied „Don't Know Much" von Linda Ronstadt und Aaron Neville auf dem Album *The Very Best of Linda Ronstadt* kann Ihnen helfen, die Demut zu empfinden, die offen für die Liebe ist.

~ Beten Sie um Demut:

> *Bitte, Engel, ich weiß es nicht.*
> *Hilf mir, die Demut zu finden, um loszulassen und mich zu ändern.*
> *Hilf mir, ein bescheidenes Herz zu haben.*

~ Suchen Sie in sich nach Demut und der damit verbundenen Liebe. Drei Titel aus Michael Colombiers Filmmusik zu *Stürmische Liebe* – „Togetherness", „Alone" und „Parted" – vermitteln eine starke Demut, die zu Verlangen ermutigen kann. Dieses Gefühl von Demut lenkt bedingungslose Liebe auf Sie. Setzen Sie sich und lassen Sie sich von der Musik in die Tiefe Ihrer Seele tragen, wo der Engel darauf wartet, Sie Liebe erfahren zu lassen. Mit dieser Liebe können Sie sich von negativen Gewohnheiten abwenden und die vorteilhaften Eigenschaften Ihrer Seele entdecken.

12.

Opfer

*... Opfer: das „Heiligmachen" all unserer Lebenslagen
durch eine Haltung, die Gott in jedem Ereignis sieht.*

— Timothy Conway

Ihre Seele hat den Engel des Opfers gerufen, damit er Sie durch eine
schwierige Zeit trägt. Zum Opfer gehört oft der tiefe Herzschmerz, den
Sie erleiden, wenn Sie etwas geben, das Ihnen teuer ist, um sich etwas
Besseres zu sichern. Wenn Sie den größeren Zusammenhang sehen, wird
es möglich, ohne Ärger oder Bitterkeit loszulassen – Ihr Opfer zu bringen.

Die Bibel enthält viele Geschichten von Opfern. Eine ist die von
Abraham, dem befohlen wurde, dem Herrn seinen geliebten Sohn Isaak zu
opfern. Doch bevor Abraham seinen Sohn töten konnte, stoppte ihn der
Engel des Opfers und gab ihm stattdessen ein Lamm. Abraham nannte den
Ort „der Herr sieht" (Genesis 22,14). Dann überbrachte der Engel eine
Botschaft des Herrn: Weil er ihm seinen Sohn nicht vorenthalten hatte, würde
der Herr ihn und seine Nachkommen segnen (Genesis 22,15–17).

Zu welchem Opfer werden Sie aufgefordert? Warum bringen Sie dieses
Opfer? Tun Sie es nicht aus Liebe zu jemand anderem? Finden Sie die Kraft
der bedingungslosen Liebe, die Sie mit den anderen Beteiligten vereint, um
es zu einem lohnenden Opfer zu machen. Von Herzen zu geben macht den
Schmerz des Verlustes erträglich. Das Gefühl mag Ihnen nicht gefallen und es
mag einige Zeit dauern, bis das Gefühl des Verlustes nachlässt. Aber die

Erinnerung an den höheren Grund für Ihr Opfer wird Ihnen in solchen Momenten helfen.

Opfer heißt häufig auch, jemanden gehen zu lassen, den Sie lieben. Hat diese Person Ihnen etwas geopfert? Was müssen Sie jetzt opfern, um dieses erste Opfer zu einem lohnenden zu machen? Stellen Sie sich zum Beispiel vor, Ihr geliebter Partner sei gestorben. Mit der Zeit wird deutlich, dass seine Seele Ihnen das Geschenk der Freiheit gab, die Sie brauchten, um das Ziel Ihrer Seele zu erreichen. Dann erfordern es die Umstände, dass Sie zwischen dem Ziel Ihrer Seele und einem persönlichen Wunsch wählen. Vielleicht müssen Sie sich an das Opfer Ihres Partners erinnern, um den Mut zu finden, Ihr eigenes Opfer zu bringen, Ihren Wunsch hinter sich zu lassen.

Wenn Sie ein Opfer bringen, wird Ihnen eine besondere Gnade zuteil. Diese Gnade bringt Sie mit der Liebe in Ihrer Seele in Berührung. Der Schmerz des Opfers öffnet Ihr Herz, sodass die Liebe Ihrer Seele eintreten kann. Bitten Sie den Engel Ihnen, zu zeigen, wie Sie den Schmerz des Verlustes annehmen können, der durch den Wunsch nach bedingungsloser Liebe gemildert wird. Auf der anderen Seite Ihres Schmerzes liegt die Liebe aus der Quelle, eine Liebe, die alle Wunden heilt und die Sehnsucht Ihrer Seele stillt.

Ihre Seele ist mit der Quelle bedingungsloser Liebe und göttlichen Willens verbunden. Der göttliche Wille verlangt, dass wir einander aufrichtig lieben. Den eigenen Willen zugunsten des göttlichen Willen zu opfern, wird Ihnen eine besondere Gnade gewähren.

Was tun, um den Engel des Opfers anzuziehen?

~ Schreiben Sie in Ihrem Tagebuch über das Opfer, das Sie bringen. Beschreiben Sie den Grund für dieses Opfer und die Liebe, die sich daraus ergeben wird. Finden Sie den größeren Zusammenhang, damit Sie ohne Ärger oder Bitterkeit loslassen können. Bitten Sie den Engel um Anleitung.

~ Es können Momente kommen, in denen Sie den Grund für Ihr Opfer aus den Augen verlieren und ärgerlich oder verbittert sind. Meditieren Sie zur

Musik „No Sacrifice" von Sinead O'Connor auf dem Album *Two Rooms: Celebrating the Songs of Elton John and Bernie Taupin* und rufen Sie den Engel des Opfers an, Ihnen zu helfen, sich nicht länger mit sich selbst zu beschäftigen und die Verbindung zur der Liebe in Ihrer Seele wiederaufzunehmen. Spielen Sie das Lied immer wieder, bis Sie für die anderen beteiligten Menschen Liebe empfinden und die Worte des Liedes in Ihrem Herzen wahr werden.

~ Das Gebet hat viele Formen. Das Lied „Worlds Apart" von Jars of Clay ist ein Beispiel dafür. Die Seele hält nichts zurück und opfert alles, um mehr Liebe zu erleben. Bitten Sie den Engel, Ihnen zu helfen, diese tiefe Verbindung zu Ihrer Seele zu finden, um leidenschaftlich beten zu können.

~ Meditieren Sie zu „My Heart Will Go On" von Celine Dion auf *All the Way: A Decade of Song* und bitten Sie den Engel, Ihnen zu helfen, die Dinge aus der Sicht Ihrer Seele zu sehen.

~ Gnade ist eine greifbare Energie, ein Produkt des Heiligen Geistes. Diese wohltuende Energie berührt Ihr Herz mit Liebe und trägt Sie in Ihren inneren Tempel, Ihre Seele. Bitten Sie darum, dass Gnade Ihren Körper erfülle und Ihre Seele nähre. Spielen Sie „Taking Over Me" von Evanescence auf *Fallen*, um Gnade zu erleben, während Sie Ihren Willen dem größeren Nutzen anderer opfern.

13.

Gnade

Die Seele lernt, welche Handlungen Gott näher bringen.

— Bruder Laurentius
Französischer Karmelitermönch (1611–1691)

Das Wundervollste an der Gnade ist, dass Gottes Gnade jeden Moment auf Sie herabkommen kann, ohne Vorwarnung und ohne Grund. Gott liebt Sie bedingungslos. Sie müssen nichts tun, um diese Gnade zu verdienen. Sie ist jederzeit für jeden da.

Der Engel der Gnade ist Gottes Botschafter, der die Erfahrung der bedingungslosen Liebe in den überraschendsten Momenten bringt. Diese kostbaren Momente entzünden das Leuchtfeuer des Glaubens in Ihrer Seele und zeigen Ihnen den Weg nach Hause. Das Zuhause ist der Ursprungsort Ihrer Seele, der im Herzen der eigentlichen Quelle liegt. Wenn die Gnade Sie berührt, fühlen Sie Gottes zärtliche Liebkosung, die Sie „nach Hause" ruft.

Das Erleben von Gnade zeigt Ihnen einen flüchtigen Blick auf die Größe der Liebe, die Sie erwartet. Diese reine Liebe entzündet die Sehnsucht der Seele nach dem Zuhause. In welchem Zustand ist Ihre Beziehung zu Gott? Haben Sie eine persönliche Verbindung zu ihm? Wie nennen Sie ihn? Selbst wenn Sie das Gefühl haben, Gott nicht zu kennen, seien Sie sich bewusst, dass er Sie nie vergisst. Er kennt Sie genau und wartet geduldig darauf, dass Sie ihn wieder kennen lernen möchten. Wo immer Sie sich in Ihrer Beziehung zum Göttlichen befinden, betrachten Sie dies als Ausgangspunkt.

Ihre Seele wendet sich an den Engel der Gnade, damit er Sie zur Erfahrung von bedingungsloser Liebe führt. Ein offenes, sehnendes Herz ist eine unwiderstehliche Einladung für das Auftreten von Gnade.

Was tun, um den Engel der Gnade anzuziehen?

~ Suchen Sie während des Tages nach Momenten, um den Engel der Gnade anzurufen. Wenn Sie in einer Schlange stehen oder am Telefon warten, denken Sie an frühere Erlebnisse, bei denen Sie die Gnade Gottes gespürt haben.

~ Beten Sie um eine engere Beziehung zum Geist oder darum, zu erkennen, wann Sie zu Hause, also mit Ihrem geistigen Leben verbunden sind.

~ Bitten Sie den Engel der Gnade, Ihnen Gelegenheiten zu zeigen, freundlich zu sein und das Leben anderer besser zu machen. Seien Sie aufmerksam. Wenn Sie sehen, wie ein Nachbar mit einem schweren Mülleimer kämpft, bieten Sie Ihre Hilfe an.

~ Bringen Sie dem Angestellten in Ihrer Reinigung eine Blume mit.

~ Geben Sie Ihr Kleingeld einem hungrigen Menschen.

~ Schreiben Sie Ihre Gedanken auf, wenn Sie über Fragen nachdenken, die Sie dem Geist näher bringen, zum Beispiel:

  • Was ist der Zweck meines Lebens?
  • Was will Gott von mir?
  • Wie kann ich beten, sodass meine Gebete erhört werden?
  • Wie habe ich Gnade erfahren?
  • Habe ich mich mit meiner Seele und ihrem Zuhause verbunden gefühlt?
  • Was habe ich von Gott erfahren?

~ Meditieren Sie mit dem Wunsch, sich direkt mit dem Geist zu verbinden. Hören Sie „I Knew I Loved You" von Savage Garden auf *Affirmation* und bitten Sie den Engel der Gnade, Ihnen zu helfen, die bedingungslose Liebe zu spüren, die auf Sie wartet. Hören Sie „Ave Maria" von Chloe

Goodchild auf *Devi*, um Ihren Wunsch zu erheben und Gnade zu empfangen. Laden Sie den Heiligen Geist ein, Ihren Körper und Geist zu erfüllen, damit Sie die Gnade empfangen können, die mit der göttlichen Aufforderung einhergeht, auf Ihre eigene, einzigartige Art und Weise mehr Liebe in die Welt zu bringen.

~ Widmen Sie aus der Verbindung mit der Gnade heraus Ihre Arbeit dem Wohl anderer.

~ Machen Sie Ihr Haus durch Altäre zu einem Wohnort der Liebe. Ein Altar enthält ein Symbol der Hingabe oder Liebe, wie zum Beispiel eine Engelsstatue, die Ihr Herz berührt, oder ein Bild von jemandem – Jesus, der Mutter Maria, einem Heiligen oder einem Meister –, der Sie mit der Liebe verbindet. Eine Kerze kann ein einfacher Altar sein, wenn sie Sie daran erinnert, das Licht der Wahrheit und der Liebe zu suchen.

14.

Hingabe

Zu Beginn meiner Arbeit sagte ich vertrauensvoll zu Gott:
„Mein Gott, da du mit mir bist und da ich mich nach deinem Willen
mit äußerlichen Dingen beschäftigen muss, gewähre mir die Gnade,
bei dir, in deiner Gegenwart zu bleiben. Arbeite mit mir, sodass meine
Arbeit die allerbeste sein wird. Nimm als Zeichen meiner Liebe meine
Arbeit und all meine Zuneigung."

— Bruder Laurentius
Französischer Karmelitermönch (1611–1691)

Der Engel der Hingabe antwortet einer liebenden Seele. Als einer der höchsten Diener steht der Engel direkt in der Herrlichkeit des Allmächtigen. Hingabe entströmt Ihrer Seele als ein Gefühl tiefer Bereitschaft, Gott zu dienen. Dieser Engel kommt zu Ihnen, um diese Hingabe zu vergrößern.

Singt Ihre Seele: „Ich will dich nur in meinen Armen halten, mein Geliebter"? Flüstert Gott seine Liebe in Ihr Ohr? Wenn Sie Ihre Zuneigung in Hingabe anbieten, öffnen Sie Ihr Herz für die Antwort des Herrn. Jedes Mal, wenn Sie geben und er antwortet, wird Ihre Beziehung gestärkt und Sie erfahren mehr über die Liebe.

Wie können Sie mehr von Ihrem Leben der Liebe weihen? Bruder Laurentius' Gebet ist ein Beispiel für eine Hingabe, die von Herzen kommt.

Laden Sie den Geist der Liebe ein, bei allem, was Sie tun – von Ihrer Arbeit angefangen über das Sorgen für Kinder und Partner bis hin zum Entspannen im Kino –, bei Ihnen zu sein. Wiederholen Sie jeden Tag: „Nimm als Zeichen meiner Liebe meine Arbeit und all meine Zuneigung."

Muss sich etwas ändern, damit in Ihrem Herzen mehr Platz ist? Fühlen Sie sich von einer Situation in Ihrem Job oder zu Hause so frustriert oder überfordert, dass Sie sich nicht vorstellen können, auch nur noch eine Sache mehr zu ertragen? Hingabe ist keine Aufgabe, die erledigt werden muss. Sie ist ein echtes Vergnügen für die Seele. Wie würde sich Ihre Lebensqualität verbessern, wenn Sie Gedanken der Frustration durch das Angebot tief empfundener Hingabe ersetzen würden?

Versuchen Sie es, um zu sehen, was passiert. Schreiben Sie Bruder Laurentius' Gebet auf eine Karteikarte und tragen Sie sie bei sich. Jedes Mal, wenn Sie mit einer neuen Tätigkeit beginnen, nehmen Sie sich ein paar Minuten Zeit, um ein Gefühl der Hingabe zu finden, und wiederholen Sie das Gebet. Erinnern Sie sich an das Gebet, wann immer es während Ihrer Arbeit möglich ist. Die „Zuversicht" zu Beginn des Gebets ist wichtig. Seien Sie zuversichtlich, dass Ihr Gebet gehört wird, und achten Sie auf Antworten. Erkennen Sie die Gnade, die Sie erreicht, während Sie arbeiten.

Die Anwesenheit Gottes können Sie spüren, sie belebt Ihr Gefühl der Hingabe, während Sie tiefer in sich selbst dringen. Wie ermöglicht es Ihnen die Verbesserung und Zunahme der Liebe, die Sie ausstrahlen, Ihr hingebungsvolles Herz mit den Menschen in Ihrem Leben zu teilen? Bitten Sie den Engel der Hingabe um Hilfe.

Was tun, um den Engel der Hingabe anzuziehen?

~ Schaffen Sie zu Hause einen Altar oder einen Ort der Hingabe. Beginnen Sie mit einem Bild oder einer Statue, die Ihnen das Gefühl des Göttlichen gibt. Es kann ein Bild von Jesus, der Mutter Maria, einem Engel, einem speziellen Meister oder einer Gottheit sein, die Sie dazu inspiriert, Ihren Herrn zu spüren. Laden Sie den Engel ein, Sie zu leiten. Stellen Sie als Opfergabe Blumen auf Ihren Altar. Bieten Sie Ihrem Geliebten jeden Tag ein kleines Glas Wasser an. Fügen Sie dem Wasser

Rosenessenz bei, um es zu etwas Besonderem zu machen. Setzen Sie sich täglich fünf Minuten vor den Altar und sagen Sie Dank. Horchen Sie auf das süße Flüstern der Liebe des Herrn.

~ Führen Sie einen Akt liebender Hingabe aus. Helfen Sie freiwillig in einem Hospiz oder einem Pflegeheim. Falten Sie die Kleidung Ihrer Familie mit der liebenden Hingabe, die Sie für Ihren Herrn empfinden.

~ Bitten Sie mit Hilfe des Gebets von Bruder Laurentius den Geist, mit Ihnen zu arbeiten. Schreiben Sie das Gebet auf eine Karteikarte, tragen Sie es bei sich, und lesen Sie es häufig. Seien Sie zuversichtlich, dass Ihr Gebet erhört wird, und achten Sie auf die Gnade, die zu Ihnen kommt, während Sie arbeiten.

~ Um Ihr hingebungsvolles Herz zum Leben zu bringen, hören Sie „In This Heart" von Sinead O'Connor auf *Universal Mother* oder „No One" von Cece Winans auf *Cece Winans*.

~ Lesen Sie die Bücher *Allzeit in Gottes Gegenwart* und *Die Gegenwart Gottes, eine wirkliche Erfahrung* von Bruder Laurentius, und lassen Sie sich von seiner Hingabe inspirieren.

15.

Verbindung

Frieden erlangen nicht die, die grimmig ihre Unterschiede hüten, sondern die, die mit offenem Geist und Herzen nach Verbindungen suchen.

— KATHERINE PATERSON
Amerikanische Kinderbuchautorin

Der Engel der Verbindung antwortet auf das Verlangen Ihrer Seele nach einer tieferen, liebenderen Verbindung mit dem Geist und den Menschen in Ihrem Leben. Bieten Sie Ihr Herz an und bitten Sie den Engel, Sie tiefer in Ihre Seele zu führen. Ihre Seele ist immer mit der Quelle bedingungsloser Liebe und Wahrheit verbunden. Alle Seelen sind in der Quelle alles Seienden vereint.

Durch Ihre Seele können Sie befriedigende Verbindungen in Liebe und Wahrheit zu anderen, ähnlich empfindenden Menschen haben. Ihr wahrhaftigster Bereich verbindet sich mit dem einer anderen Person. So ergeben sich viele wertvolle Erfahrungen. Was wäre, wenn all Ihre Erfahrungen derart lohnend wären?

Liebe ist eine sich ständig ausdehnende, größer werdende Kraft. Ganz gleich, wie viel Liebe Sie in sich tragen, Sie können immer für noch mehr offen sein. Sind Sie zufrieden mit den Beziehungen, die Sie zum Geist, zu den Menschen in Ihrem Leben und zu sich selbst haben? Oder fühlen Sie sich allein, unfähig, schnell eine Verbindung zu anderen aufzunehmen? Sehnen Sie sich nach tieferen, erfüllenderen Verbindungen?

Sich abgetrennt zu fühlen bedeutet, dass Sie sich Ihrer Verbindung zu Ihrer Seele und zur Quelle nicht bewusst sind. Der Engel der Verbindung möchte Sie zu dieser Bewusstheit führen. Wollen Sie sich anderen Menschen anschließen, die sich ihrer Verbindung zu den Eigenschaften der Seele bewusst sind? Welche Aspekte Ihres Verhaltens ziehen Menschen an, die diese Verbindung nicht haben? Was müssten Sie ändern, um Menschen anzuziehen, die mit Ihrer Seele verbunden sind?

Im Laufe eines Tages bietet Ihnen der Engel viele Möglichkeiten, Verbindungen zu anderen aufzunehmen. Manchmal bestehen diese in einem gegenseitigen Wahrnehmen, das jeder von Ihnen in den Augen des anderen sehen kann. Oder es ist ein Gefühl der Wertschätzung füreinander. Es kann auch ein Gefühl der Vertrautheit sein, das bei der ersten Begegnung da ist, als ob Sie diese Person bereits kennen würden. Ihre Seelen erkennen einander. Diese Möglichkeiten präsentieren sich bei einem Fremden auf der Straße oder bei Freunden.

Erkennen Sie diese Aufforderungen oder lassen Sie sie verstreichen? Bitten Sie den Engel, Ihnen zu offenbaren, was Sie als Nächstes tun müssen, um die verletzten und angstvollen Stellen Ihres Herzens zu heilen. Nur so erhalten Sie den Mut, bei der nächsten Gelegenheit die Hand auszustrecken. Welche Erfahrungen in Ihrem Leben haben Sie dazu gebracht, Ihr Herz anderen gegenüber zu verschließen? Der Engel der Verbindung drängt Sie, in die nie versiegende Quelle Ihrer Seele einzutauchen. Ihre Seele hat die Informationen, die Sie brauchen, um Angst und Schmerz in Ihrem Herzen zu heilen. Sie macht Sie frei, um liebevollere Verbindungen zu Menschen aufzunehmen.

Wenn Sie eine starke Verbindung zur Quelle haben, können Sie vernünftig denken und wissen, was als Nächstes zu tun ist. Türen öffnen sich. Gehen Sie in sich, um die Türen zu finden, die neue Verbindungen ermöglichen. Was müssen Sie in sich selbst finden, um die Stärke zu nutzen, die aus einer Verbindung mit der Seele kommt?

Bitten Sie den Engel, Sie zu leiten und die Informationen zu enthüllen, die Sie brauchen, damit Sie die wahre Liebe finden können, die aus der Quelle stammt. Diese liebevolle Verbindung nährt, erfrischt und belebt die Seele. In diesem Zustand der Erfüllung sprudelt die nie versiegende Quelle Ihrer Seele über und berührt die Menschen, die Sie treffen. Daraus können sich ekstatische Liebesverbindungen ergeben.

Um Verbindungen aufzunehmen, müssen Sie ein offenes, empfängliches Herz und die Bereitschaft dazu haben, etwas Neues zu erfahren. Diese Gelegenheiten sind für die Seele spontane Freuden. Der Engel der Verbindung ist bereit, in Ihr Ohr zu flüstern und Ihnen die Geheimnisse der Seele zu verraten. Hören Sie zu!

Was tun, um den Engel der Verbindung anzuziehen?

~ Seien Sie während des Tages bereit für neue Verbindungen. Lächeln Sie jemanden an oder beginnen Sie ein Gespräch. Sie könnten sagen: „Aus Ihren Augen strahlt so viel Licht", oder: „Sie scheinen mir so vertraut. Ich habe das Gefühl, Sie zu kennen."

~ Rufen Sie einen Freund an, mit dem Sie lange nicht mehr gesprochen haben, und sagen Sie ihm, was Sie an ihm schätzen.

~ Nehmen Sie einen neuen Freund zu einem besonderen Ort mit oder sehen Sie sich gemeinsam den Sonnenuntergang an.

~ Überraschen Sie einen geliebten Menschen „einfach so" mit einem schönen Geschenk.

~ Meditieren Sie, um sich mit Ihrer Seele zu verbinden. Hören Sie Lieder wie „I Know What Love Is" von Celine Dion auf *One Heart*, „How Can I Tell You" von Cat Stevens auf *Teaser and the Firecat* und „Heaven is Here" von Sarah Brightman auf *Fly*. Lassen Sie sich von den Worten dorthin tragen, wo Sie die Sehnsucht Ihres Herzens nach Liebe und die Ekstase beim Empfangen dieser Liebe spüren. Die Sehnsucht wird Sie zu einer tiefen Verbindung mit Ihrer Seele bringen. Wenn Sie diese Musik nicht haben, spielen Sie etwas, das Ihre Seele bewegt und Ihr Herz für den Wunsch öffnet, jemanden liebevoll zu umarmen.

~ Bitten Sie den Engel in einem von Herzen kommenden Gebet wie diesem um Hilfe:

> *Lieber Engel der Verbindung,*
> *hilf mir, anderen mein offenes, empfindsames Herz zu schenken,*
> *damit ich in meiner Seele Freude spüren kann.*

***Enthülle mir die Information, die ich brauche,
um wahre Liebe aus der Quelle zu finden.***

~ Schreiben Sie Ihr Gebet auf ein Stück Papier und legen Sie es auf Ihren Altar oder an einen heiligen Platz. Setzen Sie sich jeden Morgen an Ihren Altar, wiederholen Sie das Gebet fünf Minuten lang und warten Sie auf eine Antwort. Lassen Sie sich den ganzen Tag über von dem Gebet leiten.

~ Denken Sie über den Tag und über die Gelegenheiten zu neuen Verbindungen nach, bevor Sie zu Bett gehen.

- Wie haben Sie reagiert?
- Was könnten Sie morgen tun, um für spontane Verbindungen empfänglicher zu sein?
- Welche Ängste aus der Vergangenheit müssen Sie ablegen, um für den Austausch von Liebe offener zu sein?

16.

 Sehnsucht

Dein Geist, der vom allmächtigen Gott stammt, ist nicht zufrieden mit den Angeboten dieser Welt; und er wird nie zufrieden sein, denn du hast den größten Schatz deiner Seele verloren, der allein all deine Wünsche erfüllen kann, und das ist Gott.

— PARAMAHANSA YOGANANDA
Indischer Mystiker (1893–1952)

Sehnsucht ist der starke Wunsch oder das Verlangen nach etwas, das oft unbekannt ist. Tief in sich fühlen Sie vielleicht eine Sehnsucht, die durch die Dinge dieser Welt nicht gestillt werden kann. Selbst wenn Sie eine wunderbare Ehe führen, vermissen Sie vielleicht etwas. Weder ein perfekter Job noch Wohlstand können letztlich darüber hinwegtrösten. Kein Auto, Haus, Kind, Spielzeug oder Urlaub kann dieses Sehnen in Ihrer Seele ausfüllen.

Die Engel der Sehnsucht können Ihnen helfen, die nützliche Kraft dieses Gefühls, das einem das Herz zerreißen kann, zu verstehen. Sehnsucht bedeutet, dass Ihre Seele Sie zur Liebe und Wahrheit ruft. Der größte Wunsch der Seele ist es, nach Hause zum Herzen der Schöpfung zurückzukehren. Unaufhörlich ruft Ihre Seele Sie durch Gefühle von Einsamkeit, Traurigkeit und Verzweiflung an und drängt Sie, all den vergänglichen Zeitvertreib dieser Welt hinter sich zu lassen und ewige

Erfüllung zu suchen. Diese Gefühle als Sehnsucht Ihrer Seele zu erkennen, wird Ihnen helfen, sich wieder mit der bedingungslosen Liebe zu verbinden und so eine tiefe Befriedigung zu erhalten.

Sehnsucht ist ein Zeichen dafür, dass zwischen Fleisch und Geist ein Kampf tobt. Ihr vergänglicher menschlicher Teil deutet die Einsamkeit als Mangel an physischem Trost, Zärtlichkeit und Liebe eines Partners, aber die Seele sehnt sich nach der ewigen Liebe des höchsten Wesens.

Sehnsucht und Einsamkeit treiben Sie zum Handeln und motivieren Sie, nach Liebe zu suchen. Warum nicht ewige Liebe suchen? Die Engel der Sehnsucht warten darauf, dass Sie im Gebet Ihre Hand nach ihnen ausstrecken. Jesus sehnte sich nach der Anwesenheit des Herrn, und die Tiefe seiner Sehnsucht ist dem Zustand Ihrer Seele ähnlich. Irgendwann werden Sie diese Sehnsucht spüren, ob Sie wollen oder nicht.

Wenn Sie die Sehnsucht erkennen können, wenn sie Sie befällt, können Sie sie nutzen, um sich in das Herz der Schöpfung treiben zu lassen und die bedingungslose Liebe zu erfahren, die jeden Wunsch erfüllt. Sie können das Gefühl der Sehnsucht auch kultivieren, denn seine Zärtlichkeit kann ein willkommener Begleiter sein und Sie immer näher zur Quelle ziehen.

Meditieren Sie, um mit der Sehnsucht zurechtzukommen oder sie zu kultivieren. Zweck der Meditation ist, eine Verbindung zu der Quelle und Ihren Engeln zu fühlen. Sobald Sie diese Verbindung aufgenommen haben, wird Ihre Seele voller Liebe sein. Eine einfache Form der Meditation ist es, Musik zu hören, während Sie beten. Das Lied „I Just Want You" kann Ihnen helfen zu lernen, aus der Seele heraus zu beten. Die Seele braucht den Herrn. Nichts anderes als die bedingungslose Liebe aus der Quelle kann sie zufrieden stellen. Welches Du brauchen Sie? Jesus, den Vater oder den endlos Geliebten?

Bitten Sie die Engel der Sehnsucht, Sie zu leiten. Diese Engel möchten Sie mit Liebe berühren. Ihre Offenheit ermöglicht es den Engeln, Ihnen zu bringen, was Sie brauchen. Die richtige Musik kann Ihnen helfen, die Sehnsucht Ihrer Seele zu spüren, damit eine Verbindung zur Quelle möglich wird. Nehmen Sie sich Zeit für die Meditation und dafür, den größten Schatz Ihrer Seele, ihre Verbindung zum Ewigen, zu finden.

Was tun, um die Engel der Sehnsucht anzuziehen?

~ Meditieren Sie mit dem Wunsch, eine Verbindung zu Ihrer Seele, zu Ihren Engeln und zum Geist zu spüren. Bitten Sie die Engel, Ihrer Seele die Erfahrung bedingungsloser Liebe zu gewähren. Um die Sehnsucht Ihrer Seele zu wecken oder mit ihr zurechtzukommen, können Sie „Sanvean" von Lisa Gerrard auf *The Mirror Pool* oder Ozzie Osbornes „I Just Want You" auf *Ozzmosis* hören.

~ Denken Sie über Ihre Gefühle von Einsamkeit, Unzufriedenheit, Traurigkeit und Verzweiflung nach. Bitten Sie die Engel, Sie verstehen zu lassen, dass diese Gefühle Zeichen der Sehnsucht Ihrer Seele nach bedingungsloser Liebe sind.

~ Wenn Sie gelernt haben, die Formen der Sehnsucht Ihrer Seele zu erkennen, bitten Sie die Engel, Ihnen zu zeigen, wie Sie sich von der Kraft Ihrer Gefühle in die Liebe hineintreiben lassen können.

Liebe Engel der Sehnsucht,
umgebt mich mit Liebe.
Helft mir, den Schrei meiner Seele nach
ewiger Erfüllung zu erkennen.
Zeigt mir, was ich tun kann, um mich selbst
in eure liebende Umarmung zu begeben.
Erinnert mich daran, in der Meditation die Hand
nach euch auszustrecken, wenn ich mich einsam fühle.
Holt mich in euer liebevolles Herz,
wenn ich in Verzweiflung versinke.
Lenkt meine Augen auf das Herz der Schöpfung,
wenn ich mit den Dingen dieser Welt unzufrieden bin.

17.

Reinheit

*Es ist erstaunlich, welche Kraft, Reinheit und Weisheit
ein Mensch braucht, um sich von Unwahrheiten fernzuhalten.*

— Margaret Fuller
Amerikanische Schriftstellerin und Dozentin (1810–1850)

Der Engel der Reinheit wird Sie zu der reinen Liebe in Ihrer Seele
führen. Reine Liebe stellt keine Bedingungen. Sie ist frei von
eigennützigen Motiven, frei von Angst und klammert nicht. Ihre
Seele ist reine Liebe, reine Wahrheit und reines Licht.

Die Reinheit Ihrer Seele ist unter Schichten von Gefühlen begraben,
die das Ergebnis von Situationen sind, die Sie erleben. Sind Sie etwa auf
jemanden wütend? Durchleuchten Sie die Schichten Ihrer Gefühle. Was
liegt ganz oben? Was darunter? Gehen Sie die Gefühlsschichten weiter
durch, bis Sie den Teil von sich finden, der sich wirklich für eine andere
Person interessiert. Das ist der wahre Teil – der Teil, der nur reines Licht,
reine Liebe und reine Wahrheit kennt. Arbeiten Sie an Ihrem Problem von
einem Punkt reiner Liebe aus.

Vielleicht hat ein Mitglied Ihrer Familie eine negative Einstellung zum
Leben und diese Haltung beeinflusst seine Art zu reden. Sie reagieren
darauf aufgebracht und wertend. In Gesprächen können Sie es nicht lassen,
Anspielungen oder grausame Bemerkungen zu machen. Hier ist das oberste
Gefühl Erregung. Darunter liegt Wertung und noch tiefer Ärger über diese

Person, die in Ihnen Gefühle hervorruft, die grausames Verhalten auslösen. Warum haben Sie diese negativen Gefühle? Wenn Sie sich tiefer in Ihr Herz oder Ihre Seele fallen lassen, finden Sie dann Liebe zu diesem Menschen?

Wenn Sie aus einer echten Sorge heraus reagieren, kann die Situation sich wesentlich verändern. Blicken Sie unter die negativen Schichten und lenken Sie das Gespräch auf Themen, die wirklich wichtig sind. Stellen Sie Fragen, die zum Erleben echter Sorge füreinander führen.

Wenn Sie eine Person nicht mögen, finden Sie etwas, das Sie an ihr respektieren können. Die Seele liebt jeden und kann respektierenswerte Dinge entdecken, selbst wenn Sie die schlechten Eigenschaften, die sich in den Handlungen einer Person zeigen, nicht mögen. Der Mensch hinter diesen Eigenschaften ist jemand wie Sie, jemand mit einer reinen, liebevollen und wahrheitsliebenden Seele. Was können Sie tun, um diese Person zu einer wahrhaftigeren Beziehung zu ermutigen?

In welcher Situation suchen Sie nach Reinheit? Stecken Sie in Schichten von Gefühlen fest und sind nicht in der Lage, die reine Liebe in Ihrer Seele zu finden? Sind Sie so mit sich selbst beschäftigt, dass Sie nicht mit anderen mitempfinden können? Meditieren Sie. Gehen Sie während der Meditation durch die Schichten Ihrer Gefühle und suchen Sie nach der reinen Liebe und dem reinen Licht in Ihrer Seele. Folgen Sie Ihrem Verlangen, diese Schichten zu durchdringen, bis Sie die reine Liebe Ihrer Seele erleben. Hören Sie die Musik, die in diesem Buch empfohlen wird, um sich durch Gefühle hindurchzubewegen und die reine Liebe und das reine Licht in Ihrer Seele zu entdecken.

Was tun, um den Engel der Reinheit anzuziehen?

~ Denken Sie über die Fragen und Punkte in diesem Kapitel nach, um sich bewusster zu machen, wie Ihre Reaktionen und negativen Gefühle Sie daran hindern, sich aufrichtig um andere zu kümmern.

~ Wenn Sie das nächste Mal negativ auf jemanden reagieren, halten Sie inne. Lassen Sie sich an einen Ort in Ihrem Herzen oder Ihrer Seele fallen, der diese Person mag. Stellen Sie einige Fragen, die zu einer wahrhaftigeren Beziehung führen.

- ∼ Meditieren Sie, um durch die Schichten Ihrer Gefühle zu gelangen und nach der reinen Liebe in Ihrer Seele zu suchen. Hören sie Chloe Goodchilds „Thy Will/Jaya Bhagavan" auf *Devi*.

- ∼ Suchen Sie während der Meditation nach einem Gebet, das Ihnen in Ihrer speziellen Situation hilft. Das Gebet könnte ähnlich sein wie dieses:

> *Lieber Engel der Reinheit,*
> *bitte hilf mir, die reine Liebe in meiner Seele zu finden.*
> *Hilf mir, diese Situation durch die Augen meiner Seele zu*
> *betrachten, damit ich die reine Wahrheit erkennen kann.*
> *Leite mich, damit ich weise Lösungen finde,*
> *die allen Beteiligten nützen.*

18.

Wertschätzung

Wenn das einzige Gebet, das du in deinem Leben sprichst,
„Danke" ist, würde das genügen.

— Meister Eckhart
Mystiker des 13./14. Jahrhunderts

Wenn die Dinge nicht so laufen, wie Sie möchten, kann es eine Herausforderung darstellen, an dem, was passiert, etwas Positives zu finden. Der Engel der Wertschätzung möchte Ihnen helfen, Ihre Lebensumstände anzunehmen und zu schätzen. Dies führt von einer negativen Haltung weg zu mehr Offenheit. Wenn Sie offen sind, können Sie die in der Situation auftretenden Vorteile erkennen und ihren Nutzen aufgreifen.

Seien Sie für alle Erfahrungen in Ihrem Leben dankbar. Sie tragen zu Ihrer geistigen Umwandlung bei. Bitten Sie den Engel der Wertschätzung, Ihnen zu helfen, die Führung des Geistes in Ihrem Leben zu erkennen. Seien Sie dafür offen, die Situation in einem neuen Licht zu sehen und anderen die Möglichkeit zu geben, auf eine Art für Sie zu sorgen, wie es normalerweise nicht geschieht.

Versuchen Sie Folgendes: Konzentrieren Sie sich mehrmals am Tag darauf, etwas in Ihrem Leben aus ganzem Herzen zu würdigen, bis Sie diese Wertschätzung in Ihrem Herzen spüren. Achten Sie darauf, ob Ihre Wahrnehmung der jeweiligen Situation sich verändert, wenn Sie dieses Gefühl erlebt haben.

Etwas anzunehmen und zu schätzen ist besonders wirkungsvoll gegen Ärger. Konzentrieren Sie sich auf einen Vorteil, den Sie erhalten. Wenn zum Beispiel das Geld knapp ist und Sie sich darüber ärgern, eine hohe Heizrechnung bezahlen zu müssen, erkennen Sie den Vorteil, ein Heim zu haben und es heizen zu können. Vielleicht ist jemand gestorben, den Sie geliebt haben. Während Ihnen angesichts dieses Verlusts das Herz bricht, liegt Ihr Gewinn in der Liebe von Freunden und der Familie, die auf Sie einströmt.

Suchen Sie nach Gelegenheiten, anderen zu helfen. Geben öffnet Ihre Augen, indem es Sie aus Ihrer engen Sicht herausholt und Sie ermutigt, die Welt mit einem größeren Blickwinkel zu betrachten. Denen zu geben, die weniger Glück haben als Sie, hilft Ihnen, das, was Sie haben, zu sehen und zu schätzen.

Erkennen Sie die Liebe in Ihrem Herzen, statt sich auf die negativen Merkmale der Situation zu konzentrieren. Denken Sie gleichzeitig darüber nach, wie Sie Ihre Situation verbessern können, und handeln Sie.

Einigen Menschen fällt die Wertschätzung leichter als anderen. Wenn Sie zu diesen anderen gehören, verzweifeln Sie nicht. Schreiben Sie in Ihrem Tagebuch über die Herausforderungen, denen Sie gegenüberstehen. Lassen Sie unten auf der Seite etwas Platz. Prüfen Sie, nachdem Sie über die Herausforderung geschrieben haben, Ihre Situation ganz genau, bis Sie einen Nutzen finden. Schreiben Sie auf dem leeren Teil der Seite über diesen Nutzen. Schreiben Sie, bis Sie den Vorteil würdigen können. Suchen Sie ein Gebet, das Ihnen hilft, während Sie Wege entdecken, etwas schätzen zu lernen.

Was tun, um den Engel der Wertschätzung anzuziehen?

~ Seien Sie mehrmals am Tag aufrichtig dankbar für etwas in Ihrem Leben. Sprechen Sie laut darüber. Sagen Sie der Kassiererin im Geschäft, dass Sie den guten Service schätzen.

~ Rufen Sie einen Freund an und bedanken Sie sich für seine Freundschaft.

~ Schicken Sie der Person, die Sie lieben, Blumen oder ein kleines Geschenk mit einer Karte, auf der Sie sich für etwas sehr Gewöhnliches bedanken, wie zum Beispiel dafür, dass sie Ihre Strümpfe wäscht.

~ Wenn Sie sich über eine Situation ärgern, konzentrieren Sie sich darauf, welchen Nutzen Sie davon haben. Bitten Sie dann den Engel der Wertschätzung um Hilfe bei der Veränderung in Ihrem Herzen.

~ Um Ihr Herz tieferer Wertschätzung zu öffnen, meditieren Sie zu „Thank You for Hearing Me" von Sinead O'Connor auf *Universal Mother*. Die Seele ist dankbar für jeden Schluck Wasser, jeden Akt der Freundlichkeit und jede Gelegenheit, anderen zu helfen.

~ Besuchen Sie einsame Menschen in einem Pflegeheim oder bringen Sie Ihre überzähligen Decken einem Frauenhaus. Während Sie die traurigen Lebensumstände sehen, werden Sie die Vorteile Ihres Lebens dankbar erkennen.

~ Finden Sie ein Gebet, das Ihnen hilft, Wertschätzung zu empfinden. Schreiben Sie das Gebet auf ein schönes Stück Papier und legen Sie es auf Ihren Altar oder an einen heiligen Ort. Setzen Sie sich jeden Tag für ein paar Minuten vor Ihren Altar und wiederholen Sie das Gebet mit offenem Herzen. Lassen Sie Ihr Herz sich verändern, während Sie beten. Hier ist ein Beispiel:

> *Geliebter Engel der Wertschätzung,*
> *danke dafür, dass du an meiner Seite bist.*
> *Führe mich zu einer tieferen Wertschätzung*
> *der Geschenke des Lebens.*
> *Hilf mir, alles durch ein dankbares Herz zu sehen.*
> *Danke für alles.*

19.

 # Bewusstsein

Wenn das Bewusstsein erblüht ist,
wenn die Blume des Bewusstseins da ist,
ist der Duft der Liebe da; das ist unvermeidlich.

— OSHO RAJNEESH
Indischer Philosoph und geistiger Führer

Veränderungsarbeit entwirrt falsche Vorstellungen, sodass Sie das darunter begrabene Juwel, Ihre Seele, finden können. Sie ziehen den Engel des Bewusstseins an, wenn Ihre Seele versucht, aus falschen Vorstellungen herauszufinden. Ihre Aufgabe ist es, diese auszuräumen, indem Sie sich bewusst machen, was richtig und was falsch ist.

Mit Hilfe von Selbsterkenntnis können Sie Ihre inneren Ressourcen entdecken und entwickeln. Dabei handelt es sich um die Qualitäten Ihrer Seele wie Liebe, Freude, Mitgefühl, Entschlossenheit, Bescheidenheit, Wertschätzung, Glaube und Großzügigkeit. Je bewusster Sie nachdenken, desto klarer erkennen Sie sowohl die Qualitäten der Seele als auch die falschen Vorstellungen. Kleine Dinge treten hervor, weil das Licht des Bewusstseins hell auf sie scheint. Wenn Sie mit klarem Bewusstsein vorgehen, sind die Ablenkungen minimal und alles, worauf Sie sich konzentrieren, erhält Ihre ganze Aufmerksamkeit.

Bitten Sie den Engel des Bewusstseins, Ihnen zu helfen, Falsches an sich zu erkennen, was nicht mit dem Verlangen Ihrer Seele in Verbindung steht.

Dazu gehören Haltungen wie Apathie, Eifersucht, Zorn, Ärger, Ängstlichkeit und Selbstbewertung. Wenn Sie sich darüber bewusst werden, bedauern Sie vielleicht, dass Sie so viel Negatives haben. Aber seien Sie zuversichtlich: Nichts ist falsch an Ihnen. Sie sehen ein falsches Ich. Kehren Sie um. Lernen Sie es schätzen, dass Sie in der Lage sind, Falsches zu erkennen, und sich ändern können. Suchen Sie nach einer inneren Ressource oder einer Qualität Ihrer Seele, die Ihnen das liefert, was Sie brauchen, um sich zu ändern.

Sicherlich erkennen Sie oft Bereiche in Ihrem Leben, die nicht im Einklang mit dem Verlangen Ihrer Seele stehen. An diesen Punkten müssen Sie sich zwischen alten Lebensarten und den Wünschen Ihrer Seele entscheiden. In diesen schwierigen Momenten ist der Engel des Bewusstseins näher, als Sie sich vorstellen können: Er hält die Wünsche Ihrer Seele bereit. Auch wenn Ihre Entscheidungen schmerzhaft sind, wird jedes Mal, wenn Sie sich für die Wünsche Ihrer Seele entscheiden, mehr Liebe folgen.

Stellen Sie sich bei Entscheidungen diese Frage: „Wird mich das näher zu den Wünschen meiner Seele bringen oder mich davon entfernen?" Anders gesagt: „Wird mir das mehr Liebe bringen und mich lebendig machen oder gefühlloser?"

Wenn Sie an Bewusstsein gewinnen, scheint das Licht der Seele aus Ihren Augen. Ihr wahrstes Ich ist Licht, Liebe und Wahrheit. Sie sind kein Mensch von falschen Vorstellungen. Das illusorische Ich diente dazu, in dieser Welt überleben zu können, bis Sie die Wahrheit fanden. Ihr wahres Ich ist ganz bewusst und strömt über von Liebe. Suchen Sie das vollständige Bewusstsein. Wenn Sie in einem vollständigen Bewusstsein leben möchten und die notwendigen Schritte unternehmen, wird es geschehen.

Was tun, um den Engel des Bewusstseins anzuziehen?

~ Schreiben Sie in Ihr Tagebuch über die Qualitäten Ihrer Seele, um sich über Ihr wahrhaftiges Ich bewusst zu werden. Folgende Fragen sollen Ihre Gedanken leiten:

- Was sind die Qualitäten Ihrer Seele?
- Wie helfen Ihnen diese Qualitäten in schwierigen Zeiten?

- Wie zeigen sich diese Qualitäten in Ihrem Alltag?
- Was können Sie tun, um mehr davon in Ihren Alltag zu lassen?

~ Schreiben Sie über das Falsche in sich, das nicht mit Ihrer Seele in Verbindung steht. Nutzen Sie folgende Fragen, um zu erkennen, wie das Falsche Sie an der Verbindung mit anderen hindert:

- Welche negativen Einstellungen beeinflussen Ihr Leben?
- Wie halten diese Einstellungen Sie von anderen fern?
- In welchen Lebensbereichen fühlen Sie sich wie betäubt oder tot?

~ Sprechen Sie mit einem Freund über das gewonnene Bewusstsein. Er wird Fragen stellen, die zu mehr Klarheit führen können.

~ Wenn Sie in Ihrem Leben an einen Scheideweg kommen, bietet Ihnen der Engel das Bewusstsein an, um die Wünsche Ihrer Seele zu erkennen. Stellen Sie sich dafür bei Entscheidungen diese Frage: „Wird mich das näher zu den Wünschen meiner Seele bringen oder mich weiter von ihnen entfernen?"

~ Wenn Sie der Selbstbewertung erliegen, während Ihr Bewusstsein wächst, würdigen Sie, dass Sie Verhaltensweisen erkennen, die nicht Ihr wirkliches Ich sind. Tun Sie etwas, um sich zu ändern. Suchen Sie nach einer inneren Ressource oder Qualität, die Ihnen gibt, was Sie brauchen, um sich zu ändern.

~ Hören Sie in einem meditativen Zustand Musik und bitten Sie den Engel, Ihnen zu zeigen, wie Sie sich von negativen Einstellungen befreien können. Schreiben Sie über Ihre Entdeckungen und handeln Sie dann.

Musik:
- Evanescence, „Bring Me to Life", auf *Fallen*
- Creed, „What's This Life For", auf *My Own Prison*
- Gabriel Yared, „An Angel Falls", „The Unfeeling Kiss", und „Spreading Wings", auf *Music from the Motion Picture City of Angels*

20.

 Geschenke

Die Frucht des Geistes aber ist: Liebe, Freude, Friede, Langmut,
Freundlichkeit, Güte, Treue, Sanftmut, Selbstbeherrschung.

— GALATER 5, 22–23

Geschenke gibt es in vielen Formen. Die größten Geschenke von Bewusstsein und innerem Wachstum sind oft das Ergebnis schwieriger Erfahrungen. Der Engel der Geschenke zeigt Ihnen Gelegenheiten, die Geschenke des Geistes zu empfangen. Geschenke des Geistes sind die Qualitäten Ihrer Seele, die bei Herausforderungen hervortreten. Innere Stärke kann aus einer langen Krankheit erwachsen. Mut kann größer werden, wenn Sie sich bei einem Berufswechsel Ihren Ängsten stellen. Kraft kann aus dem Ertragen eines schmerzvollen Verlusts entstehen. Mitgefühl kann erblühen, wenn Sie Liebesschmerz mit offenem Herzen erdulden.

Der Engel der Geschenke erschien Joseph, um ihm eine andere Sicht der Dinge zu zeigen. Joseph war wütend, als er entdeckte, dass seine zukünftige Frau Maria schwanger war. Er wollte seinen Ehevertrag auflösen. In einem Traum befahl ihm der Engel aber, Maria als seine Frau in sein Haus zu nehmen, denn das, was sie empfangen hatte, kam vom Heiligen Geist. Dadurch war Joseph in der Lage, das Geschenk, das ihm angeboten wurde, zu erkennen und die Gnade und Herausforderung anzunehmen, Jesus als seinen Sohn aufzuziehen.

Welche Geschenke werden Ihnen angeboten? Sehen Sie sich einer Herausforderung gegenüber, die Sie noch nicht als Gelegenheit erkannt haben? Vielleicht müssen Sie erst negativ denken und bewerten, bevor Sie die erhaltenen Geschenke erkennen können. Haben Sie wie Joseph ein Bild davon, wie Ihre Situation sein soll, während die tatsächlichen Umstände vielleicht ganz anders sind? Wie enthüllt der Engel die Geschenke, die auf Sie zukommen?

Das Licht der Wahrheit, das vom Engel der Geschenke ausstrahlt, kann blendend hell sein. Diese Wahrheit kann an Ihren Überzeugungen rütteln, so wie in Josephs Fall. Zunächst gefällt Ihnen vielleicht nicht, was da enthüllt wird, und Sie versuchen, Ihre Augen zu bedecken, um der Erkenntnis auszuweichen, so wie Joseph es tat. Nur durch Veränderung Ihrer Perspektive werden Sie das Geschenk der Liebe erkennen, das Ihnen geboten wird.

Wenn Sie die Geschenke erkennen, die auf Sie zukommen, suchen Sie etwas, das Sie tun können, um mehr Liebe in Ihr Leben zu bringen. Wie können Sie dieselben Geschenke machen, die Sie erhalten? Wenn Sie zum Beispiel während einer langen Krankheit das Geschenk innerer Stärke erhalten, suchen Sie nach etwas, das Sie tun können, wenn Sie das nächste Mal entmutigt sind. Strecken Sie für ein paar kostbare Momente Ihre liebevolle Hand nach einem engen Freund aus und lassen Sie alle Gedanken an Krankheit fahren. Treten Sie kurz aus der bestehenden Situation heraus, um sich auf die Bedürfnisse des Herzens zu konzentrieren, indem Sie Ihre innere Stärke mit jemandem teilen, der stark sein muss. Jedes Mal, wenn Sie ein Geschenk nutzen, ist der Engel an Ihrer Seite und bringt Ihnen mehr Liebe.

Was tun, um den Engel der Geschenke anzuziehen?

~ Werden Sie sich der Geschenke, die Sie erhalten, bewusster, indem Sie über folgende Fragen nachdenken und darüber in Ihr Tagebuch schreiben:

- Welche Geschenke werden Ihnen angeboten?
- Wie hilft Ihnen der Engel zu erkennen, was auf Sie zukommt?
- Lassen Sie zu, dass Bewertungen oder Negatives Ihr Herz und Ihren Geist vor den Geschenken des Geistes verschließen?

- Hindern Bilder davon, wie etwas sein sollte, Sie daran,
  Neues zu entdecken?

- Welche Qualitäten Ihrer Seele erblühen aus den Umständen
  Ihres Lebens?

~ Meditieren Sie zur Filmmusik zu *The Mission* von Ennio Morricone und bitten Sie den Engel, Ihnen zu helfen, Ihr Herz zu öffnen. Seien Sie bereit, alle Gefühle und Gedanken, die während der Meditation aufkommen, anzunehmen, als würden sie auf einem Strom durch Sie hindurchgetragen. Lassen Sie den Strom kommen und gehen. Irgendwann werden Sie sich offen oder leer fühlen. Bitten Sie den Engel, diese Offenheit zu füllen und Ihnen zu helfen, die Geschenke der Seele zu erkennen.

~ Teilen Sie die Geschenke, die Sie erhalten, indem Sie einem Freund, der in einer schwierigen Phase steckt, etwas zu essen bringen und ihm mitfühlend zuhören.

~ Bitten Sie den Engel der Geschenke um ein Gebet, das Ihnen helfen wird, sich mehr auf das Handeln als auf die Herausforderung zu konzentrieren. Horchen Sie nach dem Gebet tief in sich hinein. Schreiben Sie das Gebet auf eine schöne Karte und schicken Sie sie einem Freund in Not. Ihr Gebet könnte ähnlich wie dieses sein:

Lieber Engel der Geschenke,
führe mich zur Liebe: zur Liebe zu mir selbst,
zu meiner Familie und meinen Freunden, zu meinem Herrn.
Bitte bilf mir, für ein paar kostbare Momente aus meiner
Zwangslage herauszutreten, sodass ich die Geschenke der Liebe,
die du anbietest, erkennen kann.

21.

Erkenntnis

Die Worte, die die Seele aufklären, sind kostbarer als Juwelen.

— Hazrat Inayat Khan
Indischer Sufi-Mystiker, (geb. 1882)

⁓⌣⁓

Erkenntnisse sind häufig das Ergebnis von Erfahrungen, die Sie bei geistigen Übungen wie Gebet, Meditation und dem Nachdenken über die ewigen Wahrheiten machen. Der Engel der Erkenntnis antwortet, wenn Ihre Seele Wahrheit sucht. Um mit der Suche zu beginnen, sollten Sie die höchsten Wahrheiten auswählen, die Sie in Schriften und Lehren geistiger Meister finden können. Bemühen Sie sich dann, die Bedeutung zu erkennen.

Lehren oder Zitate liefern ein Tor zur Wahrheit. Sie müssen etwas tun, um durch dieses Tor zu gehen und so die Wahrheit für sich selbst zu erkennen. Wahrheit zu erkennen ist sehr viel mehr als ein Auswendiglernen von Worten oder das Nachahmen von Verhalten. Eine Erkenntnis ist eine direkte, persönliche Erfahrung der Wahrheit in bestimmten Worten.

Der Engel der Erkenntnis greift nach Ihrer Hand, um Sie zu Ihrem wahren Ich, Ihrer Seele zu ziehen. Geistige Wahrheiten helfen Ihnen, die Qualitäten Ihrer Seele aufzudecken, sodass Sie diese Qualitäten in Ihr Bewusstsein bringen und im Leben nutzen können. Erkenntnisse kommen aus Alltagserfahrungen oder auch aus tiefen geistigen Erfahrungen.

Versuchen Sie sich auf etwas zu konzentrieren, das größer ist als Sie selbst. Suchen Sie jeden Morgen ein Zitat aus, das eine Wahrheit enthält, die auf Fragen oder Herausforderungen in Ihrem Leben zutrifft. Schreiben Sie das Zitat auf eine Karte und tragen Sie diese bei sich. Lesen Sie das Zitat im Laufe des Tages so oft wie möglich und versuchen Sie, es persönlich zu erfahren und seine Bedeutung zu erfassen.

Wählen Sie Wahrheiten, die Ihnen bei den Herausforderungen, mit denen Sie sich konfrontiert sehen, helfen. Wenn Sie zum Beispiel mit Einsamkeit kämpfen, finden Sie Zitate, die Sie an die Verbindung mit Ihrem wahren Ich und der Quelle alles Seins erinnern. Indiens „Selige Mutter" Anandamayi Ma (1896–1982) sagte: „Du fühlst dich einsam? In Wahrheit bist du nicht allein." Ihr Bemühen wird eine persönliche Erkenntnis dieser geistigen Wahrheit mit sich bringen. Versenken Sie sich in diese Worte. Beten Sie. Meditieren Sie darüber. Versuchen Sie, die Wahrheit zu erleben, und Sie werden sie finden.

Was tun, um den Engel der Erkenntnis anzuziehen?

~ Wählen Sie jeden Morgen ein Zitat aus, das eine Wahrheit ausdrückt, die Ihnen während des Tages helfen kann. Schreiben Sie das Zitat auf eine Karte. Tragen Sie diese bei sich und lesen Sie es so oft wie möglich. Versuchen Sie, die Bedeutung persönlich zu erfahren.

~ Laden Sie einen Freund zum Tee ein und sprechen Sie über das von Ihnen gewählte Zitat. Schreiben Sie vor dem Treffen das Zitat auf ein Blatt Papier oder eine Karte und geben Sie es Ihrem Freund. Erklären Sie, warum Sie dieses Zitat ausgewählt haben und was Sie in ihm finden.

~ Worte nur zu lesen mag keinen Trost bringen, aber sich ernsthaft um Erkenntnis zu bemühen, wird schließlich zu einer tiefen Erfahrung führen. Beten Sie:

Bitte, Herr, berühre mich mit deiner Liebe.
Lass mich erfahren, wie du für mich sorgst,
damit ich weiß, dass du hier bist!

~ Meditieren Sie und denken Sie dabei an Ihr Zitat. Oder meditieren Sie zum Beispiel über die Frage: „Was heißt das, dass ich nicht allein bin? Bitte lass mich deine Anwesenheit erfahren!" Vielleicht fühlen Sie sofort eine Antwort, vielleicht brauchen Sie aber auch Zeit, um Herz und Geist zu öffnen und die Antwort zu empfangen. Geben Sie nicht auf, bis Sie etwas erfahren.

~ Erkenntnisse und Erfahrungen in ein Tagebuch zu schreiben hilft oft, Bewusstsein zu entwickeln. Bevor Sie abends zu Bett gehen, denken Sie über den Tag nach und darüber, wie das ausgewählte Zitat Ihnen geholfen hat. Nehmen Sie die folgenden Fragen als Ausgangspunkt:

- Was haben Sie gelernt?
- Was haben Sie erkannt?
- Wie kann Ihnen das morgen helfen?

~ Widmen Sie ein Wochenende dem ernsthaften Gebet und der Meditation und hören Sie nicht auf, bis Sie bedingungslose Liebe durch Ihr Herz strömen fühlen. Hören Sie intensive und ernsthafte Musik wie zum Beispiel diese drei Filmmusiken: *Gladiator* von Hans Zimmer und Lisa Gerrard, *Braveheart* von James Horner oder *Passion* von Peter Gabriel. Jedes dieser Alben ist eine Meditation in sich und bietet Musik, die Sie durch die vielen verschiedenen Gefühle, auf die Sie treffen, wenn Sie Ihr Herz der Antwort des Geistes öffnen, begleiten und unterstützen wird. Bitten Sie den Engel während des Gebets und der Meditation darum, Sie durch das Tor zur ewigen Wahrheit zu bringen.

22.

Erleuchtung

Es gibt nur wenige Menschen, die die Wahrheit
vollständig und schwindelerregend durch plötzliche Erleuchtung
erfahren. Die meisten erwerben Sie Stück für Stück, im kleinen
Maßstab, durch aufeinander folgende Entwicklungen, wie einzelne
Zellen, wie ein mühsames Mosaik.

— Anaïs Nin
Amerikanische Schriftstellerin (1903–1977)

Der Engel der Erleuchtung lässt Gottes Licht des Bewusstseins auf Sie scheinen. Das Licht des höchsten Wesens ist heller als tausend Sonnen. Voll bedingungsloser Liebe durchdringt es die Schatten der Ignoranz. Wenn der Engel dieses Licht auf Sie scheinen lässt, wird Ihr wahres Ich erleuchtet. Ihre Seele empfängt dann ein stärkeres Bewusstsein und Liebe.

Wenn der Engel der Erleuchtung Sie mit Gottes Licht berührt, werden auch verdunkelte Bereiche beleuchtet. Das Licht des Bewusstseins lenkt Ihre Aufmerksamkeit auf Dinge, die Sie an sich selbst nicht bemerkt haben oder ignorieren möchten. Auf welchen Teil Ihres Lebens macht der Engel Sie aufmerksam? Welche Gefühle oder Verhaltensweisen werden aufgedeckt?

Es kann schmerzhaft sein, die dunklen, hässlichen Teile Ihres Ichs, so zum Beispiel Eifersucht oder Hass, zu erkennen. Aber es ist gut, sich dieser verborgenen Elemente bewusst zu werden. Wenn Sie in die Dunkelheit hineinsehen können, können Sie die wahreren, liebenderen Teile Ihres tatsächlichen Ichs finden.

Gott ist in den dunkelsten Momenten, wenn Ihre falschen Vorstellungen erhellt werden, bei Ihnen. Diese Momente sind schwierig, weil Ihre Seele in der Erleuchtung die bedingungslose Liebe fühlt und Ihre falschen Vorstellungen im scharfen Kontrast zur Liebe hundert Mal schlimmer erscheinen. Suchen Sie in diesen Augenblicken des Schmerzes in sich nach Liebe, statt sich auf die Dunkelheit zu konzentrieren.

Erleuchtung enthüllt Wahrheit. Da Gott gnädig ist, kommt die Erleuchtung, wenn Ihre Gefühle und Verhaltensweisen aufgedeckt werden, oft in kleinen, erträglichen Schritten. Fühlen Sie sich entmutigt, wenn Sie sich eines dunklen Bereichs bewusst werden? Ist das ein Bereich, an dem Sie einige Zeit gearbeitet haben und den Sie für bewältigt hielten? Machen Sie sich keine Sorgen, das ist kein Rückschritt. Fühlen Sie sich ermutigt, denn der Engel führt Sie tiefer in hartnäckige Probleme hinein, damit sich Ihr Herz größerer Liebe und größerem Bewusstsein öffnen kann.

Wenn Sie Bereiche erkennen, an denen Sie noch arbeiten müssen, fühlen Sie sich dann verwirrt oder in Selbstverurteilung gefangen? Ändern Sie Ihre Perspektive. Selbst wenn es unbequem ist, betrachten Sie Ihr neues Bewusstsein als positiv und benutzen Sie es, um vorwärts zu kommen. Empfinden Sie Dankbarkeit dafür, dass Sie die Dunkelheit in sich erkennen. Beten Sie. Bitten Sie den Engel der Erleuchtung, Ihnen zu helfen, die Dunkelheit zu durchdringen und sich der wahren, liebenden Teile Ihres Ichs bewusst zu werden.

Denken Sie an den großen Zusammenhang. Was will Ihre Seele wirklich? Blicken Sie aus dem Blickwinkel Ihres wahren Ichs auf das, was mit Ihnen geschieht. Was sind Ihre echten Wünsche? Was können Sie tun, um die Dunkelheit, die Sie sehen, zu vertreiben und größere Liebe und Bewusstsein zu finden?

Die Erleuchtung vom Allmächtigen ist eine machtvolle Kraft und stärker als jede Dunkelheit. Dadurch dass Sie Ihr Bewusstsein entwickeln, können Sie sich im strahlenden Glanz bedingungsloser Liebe sonnen.

Was tun, um den Engel der Erleuchtung anzuziehen?

~ Meditieren Sie zu den Klängen von „Resurrection" von Raphael auf *Music to Disappear In* und zu „Coming Out of the Dark" von Gloria Estefan auf *Gloria Estefan's Greatest Hits*, um Erleuchtung zu erhalten. Bitten Sie den Engel um Führung, wenn Sie an Selbsterkenntnis gewinnen, und darum, Sie zum hellen Licht der Wahrheit zu begleiten.

~ Schreiben Sie in Ihr Tagebuch, wenn das Licht der Erleuchtung auf Sie scheint. Schreiben Sie über:

- die Qualitäten der Seele, die Sie entdecken;
- das Bewusstsein oder die Erkenntnis, die Sie im Licht der Wahrheit empfangen;
- dunkle Aspekte, die Ihr Verhalten beeinflussen, und wie dies sich auf Ihre Lieben auswirkt;
- Erfahrungen, wie Sie Liebe finden, während Sie sich durch die Dunkelheit arbeiten;
- persönliche Erfahrungen mit dem Engel oder mit Gott.

~ Finden Sie zu tiefer Dankbarkeit für alles, was erhellt wird, bis ein Dankgebet aus Ihrem Herzen strömt.

~ Entschuldigen Sie sich bei jemandem, den Sie schlecht behandelt haben. Oder schicken Sie eine Dankeskarte, auf der Sie anerkennen, wie gut es ist, diesen Menschen zu kennen.

~ Beten Sie. Hier ist ein Beispiel:

Engel der Erleuchtung,
danke, dass du die Dunkelheit in mir erhellst,
sodass ich sie erkennen und mich ändern kann.
Danke, dass du mich in deiner Liebe hältst.
Danke, dass du mich zur Wahrheit führst.
Danke, dass du mich nie aufgibst.

23.

Entschlossenheit

Für Menschen ist das unmöglich,
für Gott aber ist alles möglich.

— Matthäus 19, 26

In Zeiten großer Herausforderungen wird man leicht mutlos. An etwas zu glauben, das größer ist als Sie, und der Blick auf einen größeren Zusammenhang können Ihnen helfen, entschlossen zu bleiben. Glaube und Gebet sind immer wirksam.

Der Engel der Entschlossenheit wurde ausgesandt, Daniel zu beschützen, als Kollegen ihn beschuldigten, das Recht zu brechen. Zur Strafe wurde Daniel über Nacht zu hungrigen Löwen gesperrt. Sein Glaube an Gott und seine überzeugten Gebete riefen den Engel an seine Seite. Als man am nächsten Morgen entdeckte, dass die Löwen Daniel nicht verletzt hatten, wurde er aus der Höhle geholt und freigesprochen. Liebe, Ehrfurcht, Anerkennung und Wohlstand waren die Früchte seiner Entschlossenheit, nachdem er sich der Herausforderung des Verrats stellen musste.

Welchen Herausforderungen sehen Sie sich gegenüber? Schwierige Situationen können Gelegenheiten schaffen, die zu einem besseren Leben mit mehr Liebe und erfüllenderen Beziehungen führen. Glauben Sie daran, dass eine wohlwollende Kraft Ihnen zu Hilfe kommen kann? Wie könnten Sie Glauben und Gebet nutzen, um Ihre Entschlossenheit zu stärken?

In welchem größeren Zusammenhang steht Ihre Herausforderung? Bitten Sie den Engel, Ihnen zu helfen, hinter Ihre Rolle in der Situation zu blicken und ein Geschenk darin zu entdecken. Vielleicht entfernen Sie sich von einer schädlichen Beziehung oder selbstzerstörerischen Gewohnheiten. Vielleicht steigen, als Ergebnis Ihrer Entschlossenheit, Qualitäten Ihrer Seele wie Mitgefühl oder Glaube an die Oberfläche. Wie kann der größere Zusammenhang Ihnen helfen, die Entschlossenheit zu finden, in schwierigen Zeiten weiterzumachen?

Oft scheinen Probleme unlösbar zu sein. Wenn Sie kurz davor sind, aufzugeben, dann bitten Sie den Engel, Ihnen zu helfen, den Glauben an etwas, das größer ist als Sie selbst, zu finden und die Türen Ihres Herzens für Hilfe zu öffnen. Sie sind nicht allein. Sie werden Hilfe erhalten, wenn Sie entschlossen darum bitten, so wie Daniel es tat.

Eine Möglichkeit, wenn Sie vor einer unlösbaren Situation stehen, ist die, Ihre Entschlossenheit in einem anderen Lebensbereich zu erhöhen. Über einen Bereich Kontrolle zu gewinnen, beeinflusst den Bereich, den Sie nicht kontrollieren können, positiv. Körperliche Bewegung kann in dieser Situation hilfreich sein.

Wenn Sie laufen oder Ausdauertraining auf einem Fahrrad oder Stepper machen, müssen Sie Blockaden durchbrechen. Nach ein paar Minuten sind Sie außer Atem und müde. Vielleicht tun Ihnen die Beine weh. Sie möchten nicht mehr weitermachen, aber mit all Ihrer Entschlossenheit erreichen Sie vielleicht den Durchbruch und können weitermachen. Energie fließt durch Ihren Körper, der Schmerz hört auf. Sie können wieder atmen, Sie geraten in Hochstimmung.

Mentale und emotionale Blockaden zu durchbrechen kann einen ähnlichen Effekt haben. Nehmen Sie all Ihre Entschlossenheit zusammen, um weiterzumachen. Finden Sie einen Weg, damit sich das, was Ihre Energie blockiert, öffnen kann. Vielleicht müssen Sie sich davon lösen, Recht haben zu wollen, und sich stattdessen darauf konzentrieren, eine Lösung zu finden.

Ihre entschiedene Entschlossenheit öffnet den Strom geistiger Energie, der Schmerzen heilt und überraschende Lösungen bringt. Menschen, die Sie zufällig treffen, geben die Hilfe, die Sie brauchen. Mit einem Mal wissen Sie, was als Nächstes zu tun ist. Bitten Sie den Engel bei Herausforderungen, Ihnen zu helfen, in den Energiestrom zu treten und so überraschend Hilfe zu erhalten.

Was tun, um den
Engel der Entschlossenheit anzuziehen?

~ Erkennen Sie die Qualitäten Ihrer Seele wie Entschlossenheit und Glaube, die während Ihrer Erfahrung auftauchen. Schreiben Sie auf, wie diese Qualitäten helfen können, wenn Sie entmutigt sind.

~ Wenn Sie Streit haben, ändern Sie Ihre Haltung gegenüber der anderen Person und konzentrieren Sie sich auf eine Lösung.

~ Wenn Sie entmutigt sind, tanzen Sie zu dem Stück „Don't Give Up" von Abraxas Pool, bis Sie sich gestärkt und ermutigt fühlen.

~ Gewinnen Sie durch Training Kontrolle über einen Bereich Ihres Lebens. Wenn Sie an Blockaden kommen, wenden Sie sich an den Engel, um diese Blockaden zu durchbrechen. Wenn Sie lernen, Blockaden bei körperlichen Übungen zu durchbrechen, dann wenden Sie das Gelernte auf die Herausforderungen in Ihrem Leben an, um auch diese Blockaden zu durchdringen.

~ Bitten Sie um Hilfe. Beten Sie:

Engel der Entschlossenheit,
hilf mir, an etwas zu glauben, das größer ist als ich.
Hilf mir, mit diesem Glauben mein Herz zu öffnen,
damit ich Hilfe empfangen kann.
Führe mich in den Strom des Heiligen Geistes,
der mich beschützen, heilen und mir überraschende Lösungen
für meine Probleme zeigen will.

24.

Kraft

Da erschien ihm ein Engel vom Himmel
und gab ihm Kraft.

— Lukas 22,43

I hre Seele ruft den Engel der Kraft, damit er Sie stärkt. Jesus war voller Angst, als seine Kreuzigung näher kam. Sein Gebet im Garten von Gethsemane war so inbrünstig, dass sein Schweiß wie Blutstropfen auf die Erde fiel (Lukas 22, 44). Daraufhin erschien der Engel der Kraft, um ihn zu stärken.

Kraft ist geduldiger Mut und moralische Stärke in Zeiten der Not, des Verlusts oder der Versuchung. Wofür brauchen Sie in Ihrem Leben Kraft? Stehen Sie vor schmerzhaften Entscheidungen, die Ihre Fähigkeit, geistig voranzuschreiten, beeinflussen werden? Blicken Sie falsch in sich hinein, um die Wahrheit zu finden? Vielleicht müssen Sie Veränderungen ertragen, die außerhalb Ihrer Kontrolle liegen. Öffnen Sie Ihr Herz in all seiner Empfindsamkeit der zärtlichen Liebe, die darauf wartet, Sie zu umarmen.

Beten Sie und halten Sie sich am Engel der Kraft fest. Seien Sie offen für die liebende und zärtliche Umarmung der Kraft. Diese Kraft hat ihren Ursprung in einer Verbindung mit der bedingungslosen Liebe aus der Quelle. Ihre Seele ist mit der Quelle aller Liebe verbunden und der Engel führt Sie in die Umarmung dieser bedingungslosen Liebe. So werden Sie so viel Liebe spüren, dass Sie die Kraft haben werden, zu tun, was Sie tun müssen.

Ernsthaftes Beten ruft den Engel zu Hilfe. Suchen Sie in sich nach dem größeren Zusammenhang für Ihre Lage. Warum treffen Sie diese Entscheidungen? Wie können Sie als Folge davon Gott, sich selbst und andere mehr lieben? Wenn Sie sich auf die Schwierigkeit konzentrieren, können Sie leicht das Gute, das Sie erfahren, vergessen. Welche Geschenke erhalten Sie in dieser Situation? Konzentrieren Sie sich auf die Liebe, statt auf die Schwierigkeit.

Sprechen Sie einfach mit Ihrem Engel, mit Gott, mit Jesus oder mit der Form von Göttlichkeit, die Sie am tiefsten in Ihrem Herzen spüren, um zu beten. Tun Sie es, als sprächen Sie mit Ihrem besten Freund oder jemandem, der Ihnen helfen kann. Bringen Sie Ihre Gefühle wahrhaftig zum Ausdruck. Es heißt, dass Jesus' Schweiß wie Blutstropfen auf die Erde fiel. Können Sie in sich so intensives Verlangen und so große Ernsthaftigkeit finden?

Einige der stärksten Gebete haben keine Worte. Es sind reine Gefühle des Verlangens Ihrer Seele. Lassen Sie Ihr Gebet in seiner eigenen Form herauskommen, ohne es zu bewerten. Ihr Gebet kann ein verzweifelter Schrei aus Ihrem Inneren sein.

Bitten Sie darum, klar zu erkennen, was dazu führt, dass Sie sich schwach und als Opfer Ihrer Situation fühlen. Beten Sie darum, Ihre Schwächen zu erkennen und mehr Stärke in diesen Bereichen zu erhalten. Bitten Sie um innere Führung, um zu verstehen, wie die Liebe triumphieren kann.

Seien Sie offen für eine Antwort, wenn Sie beten. Jesus befal seinen Anhängern zu beten und zu glauben. Eine Antwort kann während des Gebets kommen, aber vielleicht brauchen Sie einige Zeit, um die Antwort zu erkennen. Antworten sind selten das, was Sie erwarten oder wünschen. Doch der Geist zieht Sie mit einem Glanz, der jenseits unserer Vorstellung liegt, immer näher zur Liebe.

Was tun, um den Engel der Kraft anzuziehen?

~ Beten und glauben Sie. Beten Sie aus den Tiefen des Verlangens und der Ernsthaftigkeit Ihrer Seele.

~ Hören Sie auf eine innere Führung, die Ihnen zeigen wird, wie die Liebe triumphieren kann.

~ Fühlen Sie die Stärke der Liebe in dem Lied „I Would Die For You" von Jan Arden auf *Time for Mercy*. Benutzen Sie dieses Lied als Meditation, um sich mit dem Engel zu verbinden.

~ Ziehen Sie liebende Kraft aus Jesus. Legen Sie sein Bild neben Ihr Bett und beten Sie zu ihm, bevor Sie abends schlafen gehen und wenn Sie morgens aufwachen. Sehen Sie sich einen Film über Jesus an. Bitten Sie Jesus, Sie zu lehren, so zu beten, dass Ihre Gebete gehört werden. Besorgen Sie sich einen Rosenkranz und tragen Sie Ihn während des Tages bei sich, damit er Sie daran erinnert zu beten und aus Jesus liebende Kraft zu ziehen.

~ Carl Bloch lieferte bemerkenswerte Einblicke in das Leben Jesu. Lesen Sie *Jesus, The Son of Man*, das Auszüge aus dem Neuen Testament enthält und mit den Werken von Carl Bloch illustriert ist, um Jesu zärtliche Kraft und sein Mitgefühl zu erfahren. Dieses Buch ist vergriffen, aber es lohnt die Mühe, ein antiquarisches Exemplar aufzutreiben.

25.

Ḥandeln

Ideen ohne Taten sind wertlos.

— HARVEY MACKAY
Amerikanischer Autor

———— ⌒ ————

Der Engel des Handelns hilft Ihnen, eine Gelegenheit zu nutzen. Vielleicht verlangt etwas in Ihrem Leben nach Veränderung. Haben Sie Ideen, aber keinen Plan, was Sie tun sollen? Streben Sie danach, etwas aufzubauen, ein Geschäft oder eine neue Karriere? Geht eine Beziehung oder ein Job zu Ende und zwingt Sie zu Erneuerungen? Fühlen Sie sich vor Angst erstarrt, verwirrt oder ratlos?

Der Engel des Handelns hilft Ihnen, die Herausforderungen in Gelegenheiten zu verwandeln, an denen Sie wachsen können. Etwas Neues zu beginnen erfordert viele unterschiedliche Bemühungen. Ein Beginn kann ein Gebet sein. Beten Sie, um sich mit den Wünschen Ihrer Seele zu verbinden. Meditieren Sie, um eine Vereinigung mit der Quelle alles Seienden zu erfahren. Denken Sie mit der gesteigerten Intelligenz, die Sie im Gebet und in der Meditation gefunden haben, über Fragen nach, um Probleme zu lösen und Erkenntnisse zu erhalten. Unternehmen Sie etwas, das Veränderungen unterstützt und auf den Erkenntnissen beruht, die Sie während des Nachdenkens, des Gebets und der Meditation erhalten haben.

Wenn Sie in einer Situation wissen, dass Sie etwas tun müssen, aber vor Angst wie erstarrt oder völlig verwirrt sind, dann denken Sie über konkrete

Fragen nach. Dies kann zu hilfreichen Antworten führen. Beginnen Sie mit den tiefsten Wünschen Ihrer Seele. Welche Verbindung besteht zwischen diesen Wünschen und Ihrer aktuellen Situation? Wenn Sie die Handlungen in all Ihren Lebensbereichen auf eine Linie bringen, um die Wünsche Ihrer Seele zu unterstützen, werden Sie es schaffen, sich mit einem Strom liebevoller Energie zu verbinden.

Gebet und Meditation sind die wirksamsten Taten. Dabei öffnen sich Ihr Herz, Ihr Geist und Ihre Seele, um sich mit der Quelle und mit dem Engel des Handelns zu verbinden und so Hilfe zu erhalten. Wenn Sie eine innere Führung oder einen Hinweis wahrnehmen, dann handeln Sie sofort, ganz gleich, wie Sie darüber denken. Selbst wenn es nachts ist und Sie müde sind, tun Sie etwas. Sie könnten aufschreiben, was Sie am nächsten Tag machen wollen und einen Zeitplan erstellen. Oder Sie könnten etwas Zeit einplanen, um über die notwendigen Schritte und die Konsequenzen Ihres Handelns nachzudenken.

Die besten Taten sind das Ergebnis gründlichen Nachdenkens. Fragen Sie sich selbst: „Ist dies das Beste, was ich tun kann? Oder ist es eine Reaktion auf Angst, Ärger oder Verwirrung?" Handlungen, die aus Angst, Ärger oder Verwirrung entstehen, führen meist zu einer Verschlechterung der Situation.

Was tun, um den Engel des Handelns anzuziehen?

~ Denken Sie über den Bereich nach, der Ihre Aufmerksamkeit braucht. Listen Sie 25 Dinge auf, die Sie tun könnten. Stellen Sie sich folgende Fragen, um den Erfolg Ihres Handelns besser einschätzen zu können:

- Was wird das Ergebnis der Handlung sein?
- Bringt diese Aktion Sie näher an das Verlangen Ihrer Seele oder führt es davon weg?
- Welche Schritte sind notwendig, um die Tat auszuführen?
- Wie wird sie sich auf andere Menschen auswirken?
- Wird diese Handlung zu mehr Liebe führen? Wenn ja, wie?

~ Stellen Sie einen Plan auf. Nachdem Sie das Potenzial jeder Handlung auf Ihrer Liste überprüft haben, reduzieren Sie sie diese auf die vielversprechendsten. Welche Schritte sind nun nötig? In welcher Reihenfolge müssen sie erfolgen? Schreiben Sie jeden Schritt in Ihren Zeitplan. Legen Sie einen Zeitrahmen für Ihr Projekt fest und markieren Sie darauf Daten, bis zu denen Sie jeden Schritt erledigen wollen.

~ Holen Sie sich Unterstützung. Erzählen Sie einem Freund von Ihrem Plan und wie Sie damit Erfolg haben werden.

~ Tun Sie etwas! Wenn Sie das Gefühl haben festzustecken oder vor Angst gelähmt zu sein, beginnen Sie mit kleinen Tätigkeiten, um den Bann der Trägheit zu brechen. Lassen Sie sich von dem Schwung zu schwierigeren Aufgaben mitreißen. Hier sind einige Vorschläge, um in Gang zu kommen:

- Leeren Sie den Mülleimer.
- Saugen Sie den Teppich.
- Ändern Sie Ihre Frisur.
- Gleichen Sie Ihr Konto aus.
- Waschen Sie Ihr Auto.
- Räumen Sie eine Schublade Ihres Schreibtisches oder in Ihrer Küche auf.
- Richten Sie sich nach Hinweisen, die Sie erhalten.
- Denken Sie über Fragen zu Ihrer Situation nach.

~ Beten Sie. Bitten Sie den Engel, Ihnen zu helfen, zu den Wünschen Ihrer Seele zu gelangen. Lassen Sie sich von diesen Wünschen leiten.

~ Meditieren Sie, indem Sie die hier vorgeschlagene Musik auflegen und dazu tanzen oder sich auf eine Art bewegen, die Sie inspiriert, Negatives loszulassen und sich Neuem zu öffnen, das Ihnen helfen wird. Bitten Sie den Engel, während Sie tanzen, um Hilfe, sich auf etwas zu konzentrieren, das größer ist als Sie und zu mehr Liebe und Wahrheit führt.

MUSIK:
- Mariah Carey, „Make It Happen", auf *Mariah Carey MTV Unplugged EP*
- The Proclaimers, „I'm Gonna Be (500 Miles)", auf *Best of The Proclaimers*

26.

Veränderung

Da er noch zögerte, fassten die Männer ihn,
sein Weib und seine beiden Töchter an der Hand,
weil der Herr mit ihm Mitleid hatte, führten ihn hinaus
und ließen ihn erst draußen vor der Stadt los.

— Genesis 19, 16

In der Bibel wird Lot aufgefordert, sein Haus zu verlassen und wegzugehen, ohne sich umzudrehen. Als Lot zögerte, nahm der Engel der Veränderung seine Hand und führte ihn in Sicherheit. Wie sollen Sie sich verändern?

Sehen Sie Möglichkeiten zur Veränderung, die unerwartet oder unerwünscht sind? Wissen Sie, dass Sie etwas in Ihrem Leben ändern müssen, doch Angst lässt Sie zögern? Der Engel der Veränderung greift nach Ihrer Hand, um Sie sicher in eine neue Richtung zu führen. Seien Sie bereit zur Veränderung, indem Sie den nächsten Schritt tun, der vor Ihnen liegt.

Manchmal müssen Sie Ihr Leben ändern, bevor Sie verstehen, warum. Während wahres Verstehen nicht allein das Ergebnis der Gedanken in Ihrem Kopf ist, ist Ihr Kopf Teil des Erkenntnisprozesses. Helfen Sie Ihrem Bewusstsein, sich auf das einzustellen, was Sie ändern müssen, damit Sie erkennen, wann es Zeit für diese Veränderung ist. Das vollständige Verstehen kommt später.

Quält Ihr Geist Sie? Müssen Sie Ihre Perspektive ändern? Wenn Sie Schwierigkeiten mit einer Situation in Ihrem Leben haben, versuchen Sie, sie aus anderen Blickwinkeln zu betrachten, bis Sie etwas finden, das Ihrem Geist hilft, sich zu entspannen und geduldig zu sein. Machen Sie sich nicht verrückt, wenn sich Dinge verändern. Stoppen Sie negative Gedanken, indem Sie sich auf etwas Wahres konzentrieren. Lassen Sie nicht zu, dass Ihr Geist von etwas, das passieren könnte, verwirrt wird.

Erkennen Sie Dinge in Ihrem Leben, die sich verändern müssen, fühlen sich aber unfähig, etwas zu tun, weil die Veränderung zu groß oder zu schwer zu sein scheint? Es ist sehr viel belastender, Probleme laufen zu lassen und nichts zu tun, als sich mit der Situation zu befassen. Wenn für die Veränderung viele Schritte und Zeit nötig sind, legen Sie Termine fest, bis zu denen Sie jeden Schritt erledigen wollen. Gehen Sie sich selbst gegenüber Verpflichtungen ein und warten Sie ab, was passiert.

Haben Sie das Gefühl festzustecken? Vielleicht mögen Sie die Veränderung, vor der Sie stehen, nicht und wollen sie nicht vollziehen. Sie haben die Wahl. Das starke Gefühl von Unbehagen, wenn Sie feststecken, frustriert oder zornig sind, schafft den Wunsch nach Veränderung und kann dazu genutzt werden, Sie auf das Licht zuzutreiben. Wie können Sie zu einem produktiven Wunsch nach Veränderung gelangen?

Beten Sie, wenn Sie vor einer Veränderung stehen und nicht wissen, was Sie tun sollen, oder wenn Sie das Gefühl haben festzustecken, angstvoll, frustriert oder zornig zu sein. Bitten Sie um die Erkenntnis, wie diese Veränderung Sie ins Licht bringen wird. Beten Sie um Klarheit. Bitten Sie den Engel darum, die Information zu erhalten, die Sie brauchen, um zu wissen, was Sie als Nächstes tun sollen.

Sie können um ein stärkeres Verlangen beten, auf das Licht eines neuen Anfangs zuzugehen. Ihr Verlangen wird sofort größer werden. Folgen Sie Ihrem Verlangen, wohin es Sie führt.

Was tun, um den Engel der Veränderung anzuziehen?

~ Tun Sie etwas, um sich zu animieren, die Vergangenheit loszulassen und sich zu verändern. Erkennen Sie konkrete Veränderungen, die Sie zu einem liebevolleren Leben bringen können. Hier sind einige Vorschläge:

- Verändern Sie Ihre Frisur und Ihr Aussehen, um einen lebendigeren und liebevolleren Teil Ihres Ichs zu finden.
- Lösen Sie sich von kontraproduktiven Beziehungen.
- Laden Sie einen Freund, der ein spiritueller Freund werden könnte, zum Mittagessen ein.
- Gehen Sie durch Ihr Haus und trennen Sie sich von allem, was alt, unbenutzt, unnötig, nicht Sie selbst ist.
- Suchen Sie sich einen Job, bei dem Sie genug verdienen und der Ihnen eine gewisse Zufriedenheit verschafft.

Nachdem Sie die geeigneten Veränderungen für Ihre Situation gefunden haben, teilen Sie sie in kleinere Schritte auf und setzen Sie sich Termine für deren Durchführung.

~ Beten Sie, wenn Sie das Gefühl haben festzustecken, angstvoll, frustriert oder zornig zu sein. Bitten Sie den Engel, Ihnen zu zeigen, wie diese Veränderung Sie näher zum Licht bringen wird. Horchen Sie in sich hinein nach der Information, die Sie brauchen.

~ Tanzen Sie! Tanzen Sie immer schneller als das, was Sie zurück in die Trägheit zieht, was immer das auch sein mag. Um sich zur Veränderung zu ermutigen, tanzen Sie zu „Man in the Mirror" von Michael Jackson auf *Bad*.

~ Wenn Sie um die Fürsorge des Engels beten wollen, meditieren Sie zu „Deliver Me" von Sarah Brightman auf *Eden* und stimmen Sie sich darauf ein, dass der Engel Ihre Hand nehmen wird, um Sie auf den Pfaden des Geistes zu führen.

27.

 Transzendenz

*Du weißt, dass die Schwierigkeiten im Leben
nicht unerträglich sein müssen. Es ist die Art, wie wir sie betrachten –
durch den Glauben oder den Unglauben.*

— Bruder Laurentius
Französischer Karmelitermönch (1611–1691)

Fühlen Sie den tiefen Schmerz eines Verlustes? Hat der Tod Ihnen ein kostbares Tier oder einen geliebten Menschen genommen? Zerbrachen Ihre Träume, als die Beziehung zu Ihrem Partner endete? Mussten Sie etwas aufgeben, das Sie innig liebten – ein Kind, einen Job, ein Zuhause, Ihr liebstes Hobby, einen Sport? Haben Sie daran gearbeitet, diesen Schmerz zu heilen, und er ist doch geblieben?

Der Engel der Transzendenz zeigt Ihnen, wie Sie den Schmerz über einen erlittenen Verlust überwinden können. Wie können Sie den Schmerz überwinden, der durch den tragischen Verlust eines Kindes, eines Partners oder eines Elternteils verursacht worden ist? Transzendieren heißt, sich über Grenzen zu erheben oder sie zu überschreiten. Tiefer Schmerz braucht einige Zeit, bis er nachlässt, und geht vielleicht nie ganz weg, aber Sie können Wege finden, ihn zu überschreiten, indem Sie Ihre Perspektive etwas verändern.

Suchen Sie eine neue Perspektive, indem Sie Ihre Konzentration von der Verwüstung weg zur Würdigung hin lenken. Welche Geschenke haben Sie von dem, was Sie verloren haben, erhalten? Gibt es eine Möglichkeit, dieses Geschenk anderen zu machen? Ein Lebenspartner hat Ihnen zum Beispiel durch seine Fürsorge das Geschenk der Sicherheit gegeben. Wie können Sie auf dieselbe Art liebevoll für andere sorgen und so das Geschenk lebendig erhalten?

Der Engel der Transzendenz hilft Ihnen, sich über den Schmerz des Verlustes zu erheben, indem Sie diesen Schmerz als Katalysator nutzen, um zu größerer Wahrheit und Liebe zu gelangen. Wenn zum Beispiel ein Kind an der Überdosis Drogen stirbt, sind die Eltern vielleicht in der Lage, ihren Schmerz über den Verlust zu überschreiten, indem sie eine aktive Rolle im Leben anderer Kinder übernehmen, lernen, ihnen zuzuhören, ohne zu richten, und ihnen helfen, echte Lösungen zu finden. So lösen sich die Eltern von alten Verhaltensweisen – einem Mangel an Offenheit oder der Neigung zu richten –, die möglicherweise zum Tod des Kindes beigetragen haben.

Die einzige Möglichkeit, ein Hindernis wie unerträglichen Schmerz zu überwinden, ist, einen Weg zu finden, loszulassen. Lassen Sie Dinge los, über die Sie keine Kontrolle haben. Konzentrieren Sie sich auf etwas, das Sie kontrollieren können, auf Ihre Beziehung zum Geist. Wenn Sie loslassen, finden wahrnehmbare Veränderungen statt. Vielleicht empfinden Sie immer noch Trauer oder Schmerz, aber etwas ist anders.

Es erfordert Vertrauen und Mut, den tiefen Schmerz des Verlustes hinter sich zu lassen und der Welt mit offenem, empfindsamem Herzen gegenüberzutreten. Doch die Liebe, die Sie dann erfahren können, ist immens und den Schmerz des Verlustes wert.

Diese Art von Schmerz bringt ein überraschendes Geschenk. Wenn Sie mutig sind, öffnet der Schmerz in Ihrem Herzen einen Ort in Ihnen, der mit der ewigen Liebe verbunden ist. An diesem Ort sind Sie mit Ihrer Seele vereint. Hier können Sie die ewige und liebevolle Verbindung zu dem Menschen, der gestorben ist oder Ihnen genommen wurde, fühlen. Ergreifen Sie die Hand des Engels, damit Sie den Schmerz des Verlustes überschreiten und die unendliche Liebe, die auf Sie wartet, entdecken können.

Was tun, um den
Engel der Transzendenz anzuziehen?

~ Wenn Sie ein Kind verloren haben, übernehmen Sie eine aktive Rolle im Leben anderer Kinder.

~ Geben Sie das Geschenk der Sicherheit an andere weiter, indem Sie mit offenem, annehmendem Herzen da sind.

~ Wenn Sie sich von einem Familienmitglied entfremdet haben, machen Sie ein Friedensangebot.

~ Werden Sie durch ein Gebet aufnahmebereit. Verwenden Sie folgendes Gebet, bis Sie in Ihrer Seele ein eigenes finden:

> *Engel der Transzendenz, berühre mein Herz.*
> *Nimm meine Hand und führe mich.*
> *Hilf mir, die Angst, den Zorn und die Schuld loszulassen,*
> *die ich wegen meines Verlustes empfinde.*
> *Wie kann ich meinen Schmerz überschreiten und zu tieferer Liebe*
> *zu meiner Familie und meinen Freunden finden?*
> *Hilf mir, die Geschenke, die ich bekommen habe, zu schätzen und*
> *mit offenem, empfindsamem Herzen zu lieben.*

~ Meditieren Sie zu der unten aufgeführten Musik, um Dinge, die Sie nicht kontrollieren können, loszulassen und eine neue Perspektive zu finden. Mit Hilfe des Engels kann Ihr Bemühen Ihnen eine tiefe Erfahrung von Heilung bringen. Seien Sie bereit, ein ungeschütztes, verletzbares Herz zu haben, damit die bedingungslose Liebe Sie umarmen kann.

MUSIK:

- Rob D., „Clubbed to Death", auf *The Matrix*
- Evanescence, „My Immortal", auf *Fallen*
- Sarah McLachlan, „Angel", auf *Music from the Motion Picture City of Angels*

28.

Vergebung

*Zorn macht dich kleiner, während Vergebung dich zwingt,
über das hinauszuwachsen, was du warst.*

— CHERIE CARTER-SCOTT

Durch die Engel der Vergebung erleben Sie die unendliche Liebe Ihrer Seele und deren Verbindung mit der Quelle. Was hindert Sie daran, Liebe zu empfinden? Schämen Sie sich wegen einer begangenen Tat? Sind Sie wütend über etwas, das jemand Ihnen angetan hat? Tragen Sie Ärger oder Bitterkeit aus einem früheren Erlebnis mit sich herum? Fühlen Sie sich in Bezug auf Ihre Situation im Recht?

An Zorn, Bitterkeit und Ärger festzuhalten, während Sie sich im Recht fühlen, lässt Sie leiden. Selbstgerechtigkeit bedeutet, sicher zu sein, dass man Recht hat, und darauf zu bestehen, dass der andere zustimmt. Es kann keine Vergebung oder Versöhnung geben, solange Sie glauben, im Recht zu sein. Eine negative Einstellung verschließt Ihr Herz und bringt Sie zu falschen Vorstellungen. Ihre Seele, Ihr wahrstes Ich, möchte, dass Ihr Herz für Vergebung und für Lösungen offen ist. Dieses wahre Ich in Ihnen mag schwach sein, aber es ist da. Sie müssen es nur suchen.

Die Engel bieten Ihnen an, Sie zu Ihrem wahren Ich zu erheben. Wenn Sie die Liebe Ihrer Seele in Anspruch nehmen, können Sie die negativen Gefühle und Haltungen, die Sie mit sich herumgetragen haben, reduzieren. Diese sind nicht Ihr wahres Ich. Lassen Sie sie fallen.

Vielleicht können Sie sofort loslassen oder aber Sie müssen sich darum bemühen. Denken Sie als Anfang darüber nach, woran Sie festhalten und warum. Stellen Sie sich vor, dass das Gefühl oder die Einstellung etwas ist, das Sie greifen können. Um diesen Gegenstand zu halten, brauchen Sie beide Hände. Vielleicht ist er in einem Koffer oder in einem Sack. Es gibt einen Grund, warum er für Sie wertvoll ist. Welchen Grund? Fühlen Sie sich dadurch im Recht oder verleiht er Ihnen Energie? Wie lassen die Gefühle, Gedanken und Einstellungen zu dieser Situation Sie leiden?

Wenn eine andere Person an der Situation beteiligt ist, dann mag sie von der Liebe abgetrennt sein, sodass es unmöglich scheint, die Beziehung zu heilen. Sie müssen diese Person aber nicht mögen, um zu vergeben. Sie können dennoch in Ihrer Seele Liebe finden. Vergebung findet in Ihnen statt.

Handeln Sie. Animieren Sie sich dazu, zu vergeben und die Vergangenheit loszulassen. Betrachten Sie Ihr Leben genau und entdecken Sie alles, was Sie aufbewahren, um sich an die Situation zu erinnern. So erkennen Sie, was Sie tun müssen. Vielleicht haben Sie einen Gegenstand, der der Person gehörte, die Ihnen Unrecht getan hat. Jedes Mal, wenn Sie diesen Gegenstand ansehen, erinnern Sie sich an den Vorfall und fühlen sich ungerecht behandelt oder im Hinblick auf das Geschehene im Recht. Vielleicht benutzen Sie den Gegenstand als negativen Bezugspunkt oder kritisieren die Person weiterhin in Ihren Gedanken oder Gesprächen. Tun Sie etwas, um loslassen zu können. Geben Sie der Person den Gegenstand zurück, verkaufen oder verschenken Sie ihn. Entfernen Sie ihn einfach aus Ihrem Leben.

Was ist mit Gewohnheiten oder Verhaltensweisen, die mit dem Zwischenfall zusammenhängen? Verändern Sie Ihr Denken und Verhalten. Hören Sie auf, in Gesprächen über diesen Zwischenfall zu reden. Sprechen Sie nicht kritisch über die Person. Vergeben Sie. Vergebung in Ihrem Herzen zu finden, befreit und vergrößert Ihre Fähigkeit zu lieben. Lassen Sie Ihre Last fallen und ergreifen Sie die Hände der Engel der Vergebung.

Was tun, um die Engel der Vergebung anzuziehen?

~ Lassen Sie Ihre Last fallen, indem Sie den Gegenstand, an dem Sie festhalten, loswerden. Identifizieren Sie ihn, geben Sie ihn der Person zurück, verschenken Sie ihn oder werfen Sie ihn in den Müll. Schließen Sie damit ab.

~ Was müssen Sie vergeben? Erforschen Sie Ihre Gefühle und Haltungen, indem Sie darüber in Ihr Tagebuch schreiben. Benutzen Sie die Fragen als Ausgangspunkt:

- Wenn Sie über die Situation nachdenken, fühlen Sie sich dann als Versager?
- Versuchen Sie, die andere Person zu bestrafen?
- Fühlen Sie sich ungerecht behandelt?
- Sind Sie überzeugt, dass Sie Recht haben und der andere Unrecht?
- Wie stören Ihre Gefühle Ihre Fähigkeit, Liebe zu geben und anzunehmen?

~ Tun Sie etwas, um sich anzuregen, zu vergeben und loszulassen. Nutzen Sie dazu die vorangegangenen Gedanken. Vielleicht beschließen Sie, einfach die Hand vor den Mund zu halten, um nicht mehr kritisch über die andere Person zu reden. Jedes Mal, wenn Sie etwas tun, um zu vergeben, werden die Engel der Vergebung Sie stützen.

~ Denken Sie über das Eingangszitat von Cherie Carter-Scott nach. Schreiben Sie es auf eine Karte und tragen Sie es bei sich. Jedes Mal, wenn Sie an die Situation denken, lesen Sie das Zitat und denken Sie darüber nach, welche Bedeutung es für Sie in diesem Moment hat. Wie lassen sich diese Worte auf Ihre Situation anwenden? Wie wirkt sich Ihr Ärger auf Sie und andere aus? Wie kann Ihnen das Vergeben helfen, über das, was Sie waren, hinauszuwachsen? Wie können Sie genau jetzt größere Liebe und Wahrheit finden, wenn Sie loslassen?

~ Meditieren Sie. Hören Sie Musik, die Ihr Herz dem Schmerz, den die Erinnerung hervorruft, wie auch Ihrem Verlangen nach Liebe öffnet. Versuchen Sie es mit „Everybody Hurts" von R.E.M. auf *Automatic for the People* und „With This Love" von Peter Gabriel auf *Passion*. Bitten Sie die Engel, Sie bei beiden Händen zu nehmen und zur Wahrheit zu führen, sodass Sie das Leiden, das Sie festhalten, loslassen müssen. Wenn Sie verletzt oder traurig sind, müssen Sie vielleicht einige

Gefühle freilassen, indem Sie weinen. Um Ärger freizulassen, schlagen Sie auf ein Kissen ein.

~ Schreiben Sie der Person, der Sie vergeben, ein paar Zeilen oder unternehmen Sie etwas zur Versöhnung.

~ Beten Sie. Wenn Sie die negativen Gefühle freigelassen haben, beten Sie, um die Liebe Ihrer Seele zu der anderen Person zu finden. In Liebe werden Sie Vergebung erfahren. Bitten Sie die Engel, Sie zu leiten, zum Beispiel:

Engel der Vergebung,
enthüllt die Einstellungen und Gewohnheiten,
die mich festhalten.
Ich möchte Sie loslassen.
Ich lasse meine Last aus Ärger und Wut fallen,
damit ich eure Hände ergreifen kann.
Führt mich zu tief empfundener Vergebung und Liebe,
die aus meiner Seele kommen.
Lehrt mich, Liebe mehr zu schätzen als alles andere.

29.

 Mitgefühl

Fähig zu sein, sich in die Lage eines anderen zu versetzen,
fähig zu sein, zu sehen und zu fühlen, wie ein anderer es tut,
das ist die seltene Gabe eines ernsthaft geistig Suchenden.

— Amma Mata Amritanandamayi
Indische geistige Führerin

Der Engel des Mitgefühls erweicht Ihr Herz mit den Tränen des Verstehens. Dieser Engel bringt Ihnen eine zärtliche, reine Liebe, die das härteste Herz schmelzen lässt und Schmerz in Liebe verwandelt.

Wurde Ihr Herz durch einen Verlust gebrochen? Ein gebrochenes Herz kann Sie in zwei Richtungen führen. Sie können sich in Zorn oder Angst verschließen und hartherzig oder starr werden. Oder Sie können den Schmerz ertragen, indem Sie die Liebe im Innersten des Schmerzes sehen. Es ist ein Schmerz, der aus der Liebe kommt. Sie würden diesen Schmerz nicht empfinden, wenn Sie nicht geliebt hätten. Ein Schmerz wie dieser kann Sie dazu bringen, Ihr Herz zu öffnen und so größere Liebe zu erfahren. Wenn zum Beispiel jemand stirbt, kommt die Familie häufig in Liebe zusammen und erlaubt den Tränen über den Verlust, alte Wunden wegzuspülen.

Mitgefühl ist die Bereitschaft, das Leiden anderer mitzuempfinden, weil Sie sie wirklich gern haben. Ein mitfühlendes Herz ist in der Lage, die schwierige Situation von Freunden oder geliebten Menschen zu erkennen und zu empfinden, und es tut dies ganz ohne zu urteilen. Mitgefühl wird geschmiedet, wenn Sie lernen, wie man den eigenen Schmerz in Liebe verwandelt. Mitgefühl wird gehärtet durch die schwierigen und manchmal riskanten Dinge, die Sie tun, weil Sie wissen, dass das Ergebnis größere Liebe sein wird.

Haben Sie einen schmerzhaften Verlust erlitten? Ist Ihr Herz aufgrund alter Wunden verhärtet? Wenn Sie nicht selbst in einer Krise stecken, wer dann? Sucht der Engel des Mitgefühls Sie auf, um jemanden zu unterstützen, den Sie lieben? Wie können Sie vollkommen bereit dazu sein, mit offenem Geist zuzuhören, mit offenem Herzen zu empfinden und die Probleme eines anderen zu ertragen?

Bitten Sie den Engel, Sie zu leiten, Ihnen Mut zu geben und Wahrheit einzuflüstern, damit Sie Ihrem Freund helfen können. Sie könnten sich verabreden, damit Ihr Freund weinen kann, während Sie beide sich umarmen. Dies sind kostbare Momente einer vertrauensvollen Verbindung zwischen Ihren Seelen. Das ist die Art Mitgefühl, die jeder dringend braucht, Mitgefühl ohne Urteil und mit offenem Herzen. Während Sie geben, werden Sie gleichfalls empfangen.

Was tun, um den Engel des Mitgefühls anzuziehen?

~ Zeigen Sie Mitgefühl für jemand anderen. Hören Sie zu und fühlen Sie. Beten Sie zum Engel des Mitgefühls, während Sie zuhören, um eine vertrauensvolle Verbindung der Liebe zwischen Ihren Seelen zu finden. Haben Sie ein offenes, empfindsames Herz und die Bereitschaft, den Segen der Liebe zu empfangen, während Sie mitfühlen.

~ Lassen Sie sich durch das Buch *Women of Power and Grace: Nine Astonishing, Inspiring Luminaries of Our Time* von Timothy Conway über Amma Mata Amritanandamayi zu Mitgefühl inspirieren.

~ Schreiben Sie in Ihrem Tagebuch über den Zustand Ihres Herzens und Ihrer Gefühle. Decken Sie so vergrabene Gefühle auf und werden Sie sich Ihrer selbst bewusster.

- Was ist Ihnen passiert?
- Ist Ihr Herz durch Zorn, Schmerz oder Angst verhärtet oder betäubt?
- Wie hindert Sie das daran, sich und andere zu lieben?
- Wie führt Ihr Schmerz dazu, dass Ihre Lieben leiden?
- Haben Sie Angst, Ihren eigenen Schmerz zu fühlen?

Lassen Sie die Gefühle kommen, während Sie schreiben, bis Sie weinen können. Bestimmen Sie einen Ort und eine Zeit, um Ihr Herz in Tränen ausschütten zu können.

~ Meditieren und beten Sie. Auch dabei können Sie weinen. Legen Sie Taschentücher, ein Kissen und Musik wie die unten genannten Stücke zurecht. Lassen Sie Ihr Herz unter dem Schmerz dessen, was Ihnen zugestoßen ist, brechen. Wenn Sie nicht für sich selbst weinen können, weinen Sie für Ihre Lieben. Beten Sie, während Sie weinen. Lassen Sie die Gefühle in Ihrem Herzen ein Gebet formen. Laden Sie den Engel ein, Sie liebevoll zu halten, so wie Maria bei der Kreuzigung Ihres Sohnes Jesus gehalten wurde. Vielleicht hilft es Ihnen, ein Kissen festzuhalten. Lassen Sie Ihr Herz in Liebe schmelzen.

MUSIK:

- Jann Arden, „Time for Mercy", auf *Time for Mercy*
- Melissa Ethridge, „Precious Pain", auf *Melissa Ethridge*
- James Horner, „Main Title", „A Gift of a Thistle", „The Secret Wedding", und „For the Love of a Princess", auf *Braveheart, Original Motion Picture Soundtrack*

~ Teilen Sie das Mitgefühl, das Sie für sich selbst finden, mit anderen, die auch unter einem Verlust leiden.

30.

 Jubel

Gottes Liebe ist überbordend und steht niemals still,
sie strömt unaufhörlich und unermüdlich weiter,
sodass unser kleines Gefäß bis zum Rand gefüllt wird und überfließt.

— MECHTHILD VON MAGDEBURG
Deutsche Mystikerin des 13. Jahrhunderts

Jubeln Sie in der Herrlichkeit, Pracht und im Glanz der göttlichen Liebe. Dieser Engel lädt Sie ein zu ekstatischem Jubel, der aus der Konfrontation mit der göttlichen Liebe entsteht. Spielen Sie das „Halleluja" von Händel oder den Gospelsong „Oh Happy Day" und tanzen Sie vor Freude, wenn Ihre Seele zum höchsten Wesen erhoben wird.

Der Engel des Jubels strahlt wie die Sonne und hat die Würde und den Glanz des Göttlichen. Öffnen Sie Ihr Herz, um diesen Engel willkommen zu heißen, der jubelnd Ihre Seele erhebt, damit sie sich mit der Ewigkeit verbindet. Vielleicht entspringt den Tiefen Ihrer Seele ein triumphierendes Lachen ekstatischer Erfüllung, wenn diese Vereinigung mit dem höchsten Wesen Sie überwältigt. Tanzen Sie, um Ihre Freude über diese kostbare Verbindung auszudrücken.

Der Engel kommt, um Ihnen zu helfen, alte Gewohnheiten abzulegen, die Sie daran hindern, die Freude des Geistes zu spüren. Angst blockiert den Fluss der Liebe zwischen Ihrer Seele und dem Göttlichen. Wenn Sie Angst haben, ist es Ihnen unmöglich, die Hilfe zu erkennen, die Ihnen angeboten wird.

Wenn Sie merken, dass Sie angespannt oder ängstlich sind, halten Sie inne. Machen Sie Verhaltensweisen aus, die unnötige Anspannung schaffen. Kommen Sie regelmäßig zu spät zur Arbeit, zur Schule, zu Verabredungen und verursachen so selbst Angstzustände? Wie können Sie Zeit besser in den Griff bekommen, vorausdenken, planen, sodass Sie früh genug aus dem Haus gehen, um Ihr Ziel pünktlich zu erreichen? Müssen Sie eine Viertelstunde extra einplanen, um irgendwo auf Ihrem Weg anhalten zu können? Wenn Sie nicht spät dran und hektisch wären, wie würden Sie sich dann fühlen?

Angst wirkt sich auf Ihren Geist und Ihr Nervensystem aus und verhindert die Aufnahme göttlicher Liebe. Die Belohnung für das Abstellen unnötiger Angst sind ein offener Geist und Körper, die den Strom göttlicher Liebe, der Ihr Herz und Ihre Seele erfüllen möchte, empfangen können. Möchten Sie das? Ist das die Mühe wert, alte Gewohnheiten abzulegen, die Sie weiter leiden lassen?

Was tun, um den Engel des Jubels anzuziehen?

Stellen Sie einen Plan auf, um Ihre Angst zu verringern. Reservieren Sie sich Zeit, in der Sie Ihre Beziehung zu Ihrer Seele und zum Engel des Jubels stärken. Hier sind einige Dinge, die Sie tun können:

~ Erkennen Sie, warum Sie sich ändern wollen.

~ Machen Sie die Bereiche in Ihrem Leben aus, in denen Sie unnötigen Stress erzeugen.

~ Überlegen Sie sich einen Weg, um Stress abzubauen, indem Sie zum Beispiel vorausplanen. Erstellen Sie einen präzisen Zeitplan und halten Sie ihn ein.

~ Suchen Sie Zitate, die Sie dazu inspirieren, sich zu ändern, wie zum Beispiel das von Mechthild. Das Zitat muss Ihre Seele berühren. Schreiben Sie es auf eine Karte, tragen Sie es bei sich und lesen Sie es im Laufe des Tages so oft wie möglich, vor allem aber, wenn Sie sich ängstlich fühlen.

~ Denken Sie darüber nach, warum Sie sich ändern wollen.

~ Tanzen Sie an jedem Tag, an dem Ihnen diese Veränderung gelingt, zu Georg Friedrich Händels „Halleluja" aus dem Messias oder zu dem Gospelsong „Oh Happy Day", um die Energie und Liebe des göttlichen Geistes durch Ihren Körper strömen zu fühlen. Stellen Sie sich vor, den Engel aufzufordern, mit Ihnen zu tanzen.

~ Jubeln Sie! Lassen Sie Ihr Herz glücklich sein. Spüren Sie, wie der Engel Ihre Seele durch Freude erhebt.

~ Überschütten Sie andere mit Ihrer Freude. Wenn Sie in der Verfassung zum Jubeln sind, teilen Sie großzügig Ihr offenes, liebevolles Herz.

~ Schreiben Sie in Ihrem Tagebuch über Ihre Erfahrungen und Erkenntnisse, um deren positiven Einfluss zu verstärken.

~ Lassen Sie sich ermutigen, indem Sie in dem Buch *Enduring Grace: Living Portraits of Seven Women Mystics* von Carol Lee Flinders über Mechthild von Magdeburg nachlesen.

31.

Erfüllung

Wichtig ist nicht, viel zu denken, sondern viel zu lieben:
Tu daher das, was dich am meisten lieben lässt.

— HEILIGE THERESIA VON ÁVILA
Spanische Karmeliterin (1515–1582)

D er Engel der Erfüllung sucht nach Gelegenheiten, Ihr Herz mit so bedingungsloser Liebe zu erfüllen, dass Sie sich zu Hause fühlen. Das Zuhause ist ein Ort, der Erfüllung, Trost und Frieden bietet. Sie fühlen sich zu Hause, wenn Ihre Seele mit der Quelle ihrer Entstehung verbunden ist.

Sie sind mehr als der Körper, in dem Sie leben. Tatsächlich sind Sie größer als die Person, die Sie selbst zu sein glauben. Sie haben eine Seele, die ewig ist und der wahrste Teil Ihres Seins. Die Wünsche Ihrer Seele leiten Sie unnachgiebig zu einer tieferen Verbindung mit der Liebe und der Herrlichkeit Ihres ewigen Ichs. Durch diese Verbindung können Sie die ewige Liebe erleben, die Ihnen das Gefühl gibt, zu Hause zu sein.

Wenn Sie tief in Ihrem Innern suchen, werden Sie die Wünsche Ihrer Seele erkennen. Es sind oft einfache Wünsche: die Liebe des Herrn zu spüren, andere zu lieben, Wahrheit zu finden, zu Ihrem geistigen Zuhause zurückzukehren. Das Gefühl der Erfüllung stellt sich ein, wenn Sie die Verbindung mit der ewigen Liebe erleben, die von Ihrer Seele und der Quelle ausstrahlt.

Das Verlangen nach Erfüllung ist eine starke Kraft. Wenn die Verbindung zur Seele und zur ewigen Liebe fehlt, ist es normal, Erfüllung in den Dingen Ihres Lebens – Lebenspartner, Kinder, sozialer Status und Besitz – zu suchen. Die Dinge des Lebens können Ihnen Freude bringen, aber Sie können nicht das verzweifelte Verlangen der Seele nach bedingungsloser Liebe stillen.

Wo suchen Sie Erfüllung? Erwarten Sie, dass Ihr Ehepartner all Ihre sexuellen, emotionalen und geistigen Bedürfnisse erfüllt und Sie unterhält? Fühlen Sie sich in Ihrer Beziehung gelangweilt oder unzufrieden? Stehen Sie Ihrem Partner kritisch gegenüber, weil Sie nicht die Tiefe der liebenden Verbindung spüren, nach der Sie sich sehnen?

Ein anderer Mensch kann die Wünsche der Seele nicht erfüllen. Nur die ewige Liebe aus der Quelle kann das. Geben Sie Ihrem Partner die Schuld, wenn Sie unglücklich oder unzufrieden sind? Fangen Sie noch einmal von vorne an. Gehen Sie zusammen aus, vor allem, wenn Sie schon lange zusammen sind. Lernen Sie etwas Neues über sich und Ihren Partner, etwas, das Sie einander näher bringt. Lassen Sie sich überraschen. Finden Sie Wege, aus einer tiefen Empfindsamkeit heraus mehr von sich zu geben. Vor allem aber denken Sie daran, dass Gott die Quelle der Liebe ist. Erfüllen Sie sich mit seiner Liebe und teilen Sie diese mit Ihrem Partner.

Was tun, um den Engel der Erfüllung anzuziehen?

~ Werden Sie sich Ihres Verlangens nach Erfüllung bewusst. Denken Sie mit Hilfe des Vorangegangenen darüber nach, was Sie sich wünschen und wie Sie Erfüllung suchen. Bitten Sie den Engel, Ihnen zu helfen, den Unterschied zwischen weltlichem Vergnügen und der seelischen Erfüllung zu verstehen.

~ Teilen Sie die Erfüllung, die Sie finden, mit jemandem. Gehen Sie zusammen aus. Tun Sie Dinge gemeinsam, um etwas Neues aneinander zu entdecken. Finden Sie Wege, füreinander offen zu sein.

~ Lesen Sie in *Enduring Grace: Living Portraits of Seven Women Mystics* von Carol Lee Flinders über die heilige Teresa von Ávila.

~ Musik kann die Energie des Heiligen Geistes erlebbar machen. Während Sie darüber meditieren, wie Sie die ewige Liebe in Ihrer Seele spüren können, sollten Sie „Momma, I'm Coming Home" von Ozzie Osborne auf *No More Tears* und „Feels Like Home" von Linda Ronstadt auf *Feels Like Home* hören. Der Engel könnte Sie leicht in einen Zustand entzückter Zufriedenheit tragen. Hören Sie der Musik zu, betrachten Sie das Bild des Engels und öffnen Sie Ihr Herz, um zu erkennen, wozu Ihr wahres Ich in der Lage ist, wenn Sie ewige Liebe erfahren.

32.

 Ekstase

Würdest du meine Bedeutung erkennen?
Leg dich nieder im Feuer.
Sieh und schmecke den fließenden
Gott in deinem Sein;
fühle den Heiligen Geist,
der dich bewegt und treibt
im fließenden Feuer und Licht Gottes.

— MECHTHILD VON MAGDEBURG
Deutsche Mystikerin des 13. Jahrhunderts

Der Engel der Ekstase möchte Ihr Herz und Ihren Geist befreien, indem er Sie in einen Zustand verzückter Freude über das höchste Wesen versetzt. Gehen Sie mit dem Engel auf Reisen. Widmen Sie der Suche nach dieser Verbindung Zeit. Ekstase ist ein überwältigendes Erlebnis der Begeisterung, die sich einstellt, wenn Ihre Seele die Quelle berührt. Ekstatische Freude kann sich plötzlich einstellen – als Folge der geheimen Sehnsucht Ihrer Seele.

Verabreden Sie sich mit Ihrem ewigen Geliebten. Nehmen Sie sich mindestens eine Stunde Zeit, in der Sie sich ungestört diesem Bemühen widmen. Machen Sie den Raum, in dem Sie sich befinden, zu einem geweihten Ort. Bauen Sie dafür mit Blumen, Kerzen, Bildern und Statuen, die ein Gefühl für den Heiligen Geist schaffen und Sie mit Ihrer Seele in Kontakt bringen, einen Altar.

Bitten Sie den Engel der Ekstase, Sie durch Meditation in die Arme Ihres ewigen und geliebten Herrn zu führen. Lassen Sie sich von Musik in veränderte Bewusstseinszustände tragen und beten Sie dabei um eine persönliche Erfahrung mit Jesus, der Mutter Gottes, Ihrem Herrn, Ihrem Geliebten oder dem Engel. Suchen Sie die Form des Geistes aus, die die stärkste Resonanz in Ihrer Seele erzeugt.

Ihr Bemühen wird den Engel zu Ihnen rufen. Ekstase ist ein Zeichen göttlichen Kontaktes. Auf dem Weg dorthin werden Sie durch viele verschiedene Gefühle gehen. Vielleicht empfinden Sie Traurigkeit, ein Bedürfnis zu weinen. Schreien Sie in ein Handtuch, um Wut oder Frustration herauszulassen. Tanzen Sie, um Ihren Körper der Energie des Heiligen Geistes zu öffnen. Sobald Ihr Verlangen sich mit dem Geist verbunden hat, werden Sie sich geleitet fühlen. Vertrauen Sie Ihren Gedanken und Gefühlen. Durchleben Sie jeden Moment mit Hinnahme und beten Sie darum, im Feuer des Heiligen Geistes aufzugehen.

Irgendwann wird Ihr Körper sich bewegen wollen. Vertrauen Sie diesem Gefühl und tun Sie, was Ihr Körper möchte. Sie können in verzückter Freude tanzen und in Sinnlichkeit oder Begeisterung geraten. Ihr Herz kann von ewiger Liebe berührt werden, sodass Sie dankbar schluchzen. Sie können das Gefühl haben, über die ganze Ewigkeit verteilt zu werden oder sich in ekstatischer Friedlichkeit aufzulösen. Ekstase kann als zärtliche Empfindsamkeit mit unglaublicher Süße zu Ihnen kommen. Heißen Sie Ihre persönliche Erfahrung dankbar willkommen.

Ekstase kommt und geht. Sie bleibt nicht bei Ihnen. Wenn Sie immer Ekstase erleben wollten, wäre es schwierig, in Ihrem Alltag zu funktionieren. Einige Symptome ekstatischer Vereinigung sind Lachen, Sinnlichkeit, Freude, Erkenntnis der göttlichen Wahrheit, herzzerreißende Liebe, Erfüllung, Begeisterung und Friedlichkeit. Es kann sein, dass Sie herzlich lachen.

Wenn Sie einmal die Tür zur Ekstase geöffnet haben, kann sie Sie jederzeit wieder befallen: wenn Sie in der Bank Schlange stehen, bei der Arbeit, beim Kochen. Je nachdem, wie die Umstände sind, können Sie wählen, ob Sie ihr nachgeben oder Ihre Gefühle besänftigen. Die Entscheidung liegt immer bei Ihnen. Wählen Sie das Göttliche, wenn es geht.

Was tun, um den
Engel der Ekstase anzuziehen?

~ Verabreden Sie sich mit Ihrem ewigen Geliebten. Nehmen Sie sich mindestens eine Stunde Zeit, in der Sie ungestört sind. Bereiten Sie den Raum vor, indem Sie einen Bereich freiräumen, in dem Sie tanzen und sich bewegen können, ohne irgendwo anzustoßen. Legen Sie Papiertücher, ein Gästehandtuch zum Hineinschreien, Wasser und die angegebene Musik für die richtige Stimmung zurecht. Machen Sie das Zimmer durch einen Altar zu einem geweihten Raum. Überlegen Sie, ob Sie mit einem Freund meditieren wollen.

MUSIK:

- Sonique, „Sky", auf *Sky*
- Sarah Brightman, „Heaven is Here", auf *Fly*
- Martika, „Love…Thy Will Be Done", auf *Martika's Kitchen*
- Madonna, „Ray of Light", auf *Ray of Light*
- Donna Lewis, „Mother", auf *Now in a Minute*
- Amy Grant, „Breath of Heaven", auf *Home for Christmas*

~ Lesen Sie am Ende einer Meditation, in der Sie Ekstase erfahren haben, das Gedicht von Mechthild von Magdeburg, um ihre Bedeutung zu verstehen.

~ Widmen Sie als besondere Freude für Ihre Seele ein ganzes Wochenende der Meditation mit dem Engel der Ekstase.

~ Gehen Sie zum Tanzen. Teilen Sie die ekstatische Liebe, die Sie empfinden, mit anderen. Lassen Sie sie frei durch sich hindurchfließen.

33.

Versunkenheit

Deines Herzens Verlangen sollst du nirgendwo hinlegen
als in mein göttliches Herz und auf meine menschliche Brust.
Dort allein wirst du Trost finden
und von meinem Geist umfangen werden.

— MECHTHILD VON MAGDEBURG
Deutsche Mystikerin des 13. Jahrhunderts

D er Engel der Versunkenheit möchte, dass Sie das starke Gefühl, in bedingungsloser Liebe zu versinken, erleben. Engel leben in Vereinigung mit der Liebe Gottes. Wenn Sie in bedingungslose Liebe eintauchen, ist alles möglich. Sie haben die Fähigkeit, andere voll und ganz zu lieben. Sie sind mit der göttlichen Intelligenz verbunden und können den größeren Zusammenhang sehen und Probleme lösen. Unbegrenzte Energie durchströmt Sie und lässt Sie Ziele erreichen. Das Eintauchen in bedingungslose Liebe stimuliert das Bewusstsein und versetzt Sie in die Lage, Enthüllungen, Gelegenheiten, Ressourcen, Heilung und Beziehungen zu erkennen, die Ihnen helfen, Ihr Ziel zu erreichen.

Im Zustand der Versunkenheit erhalten Sie alles, um erfolgreich zu sein. Hilfsmittel tauchen oft überraschend auf, noch bevor Sie merken, dass Sie sie brauchen. Vertrauen Sie in diesen Momenten dem, was auf Sie zukommt, und nehmen Sie es an. Der Grund wird sich bald offenbaren und Sie werden eine geistige Lektion erhalten oder ein geistiges Prinzip lernen.

Die Herausforderung besteht darin, zu erkennen, wie der Geist Ihnen gibt, was Sie brauchen.

Der Engel lehrt Sie, im Fluss des Geistes zu leben. Erfolgreiche Menschen, die Unternehmen leiten, haben die Fähigkeit, verschiedene Dinge gleichzeitig zu bewältigen. Kreative Menschen arbeiten häufig zur selben Zeit an mehreren Projekten. Wenn Sie stärker mit den Wünschen Ihrer Seele und der Energie des Geistes verbunden sind, wird auch Ihre Fähigkeit dazu wachsen. Wie gut können Sie viele verschiedene Aufgaben bewältigen? Sind Sie auf mehreren Gebieten leistungsfähig oder fühlen Sie sich schnell überfordert?

Sich von den Dingen, die Sie tun müssen, überfordert zu fühlen, ist ein Zeichen dafür, dass der Engel mit Ihnen an der Steigerung Ihres Leistungsvermögens arbeitet. Es ist normal, sich überfordert zu fühlen, wenn man vor etwas Angst hat oder sich für unfähig hält. Bitten Sie den Engel, Ihr Leistungsvermögen zu steigern, damit Sie Ihre Aufgaben erledigen können. Der Heilige Geist möchte, dass Sie erfolgreich sind, und wird Ihnen dafür alles Nötige geben.

Quält Ihr Geist Sie mit Gedanken wie „Ich kann das nicht, das ist zu viel"? In solchen Phasen scheint Ihr Geist in Selbstbewertung und Versagensangst festzustecken. Sie hören die Gründe, warum Sie etwas nicht schaffen können, ständig in Ihrem Kopf und werden mutlos.

Was Sie ebenfalls daran hindert, in den Strom der Liebe einzutauchen, ist Ablenkung. Alles scheint wichtig und es fällt schwer, sich auf einen Punkt zu konzentrieren. Unbehagen macht sich breit und lenkt Sie von Wichtigem ab.

Wenn Sie entmutigt oder abgelenkt sind, hinterfragen Sie Ihre Situation. Sind Ihre Gefühle, Gedanken, körperlichen Empfindungen wie Müdigkeit oder Schmerz oder die Bedingungen in Ihrer Umgebung dafür verantwortlich, dass Sie sich unbehaglich fühlen? Widmen Sie dem Unbehagen mehr Aufmerksamkeit, als es verdient? Sollten Sie es abbauen? Wenn nicht, worauf könnten Sie sich konzentrieren, das wichtiger ist? Was wäre produktiver, als daran zu denken, was Sie nicht mögen? Worüber könnten Sie nachdenken, um sich auf Lösungen und Erfolg zu konzentrieren?

Der Engel wird Sie zur bedingungslosen Liebe führen. Wenn Sie in Liebe versinken, fühlen Sie sich leidenschaftlich und vital. Beim Versinken schreit Ihre Seele:

Oh mein Gott, du bist hier!
Wie kann ich mich, ganz gleich was ich gerade tue,
auf mein Herz konzentrieren und mehr von dieser Liebe fühlen?

Was tun, um den Engel der Versunkenheit anzuziehen?

~ Wenn Sie sich unbehaglich, bedrängt oder abgelenkt fühlen, machen Sie eine Pause, um Ihre Situation zu hinterfragen. Ist Ihr Unbehagen ein körperliches, emotionales oder geistiges? Müssen Sie etwas tun, um diesem Unbehagen Luft zu machen? Worauf könnten Sie sich konzentrieren, das produktiver ist? Schreiben Sie sich eine Anweisung auf eine Karte und tragen Sie diese bei sich. Lesen Sie die Karte, wenn Sie sich unbehaglich fühlen, und tun Sie etwas, um das zu ändern.

~ Wenn Sie sich überfordert fühlen, tanzen Sie zu „Rebel Yell" von Billy Idol auf *Rebel Yell* oder zu „God's Eye" von The Overlords auf *All the Naked People*. Die Kraft dieser Musik in Kombination mit dem Tanzen durchbricht die schädlichen Gefühle und Gedanken, während sie den Körper für die Energie des Heiligen Geistes öffnet. Bitten Sie den Engel, Sie zur bedingungslosen Liebe zu führen, um so Ihre Fähigkeit zu erhöhen, klar zu denken, sich auf Wichtiges zu konzentrieren und Lösungen zu finden.

~ Beten Sie zu dem Engel darum, im Leben bestehen zu können:

Lieber Engel der Versunkenheit,
nimm meine Hand und führe mich zu einer tieferen Verbindung
mit den Wünschen meiner Seele und der Energie des Geistes,
damit meine Fähigkeiten wachsen.
Ich möchte das Gefühl haben, in Liebe zu versinken.
Hilf mir, deinen Beistand zu erkennen und anzunehmen.

34.

 Befreiung

Lass nichts dich aufregen.
Lass nichts dich ängstigen.
Alles verändert sich:
Gott allein ist unveränderlich.
Geduld erreicht das Ziel.
Wer Gott hat, dem fehlt es an nichts.
Gott allein erfüllt alle Bedürfnisse.

— Heilige Teresa von Ávila
Spanische Karmeliterin (1515–1582)

Fühlen Sie sich befreit? Oder fühlen Sie sich gefangen und suchen nach Befreiung? Die Engel der Befreiung sind gekommen, um Sie zu leiten. Diese Engel haben die Eigenschaften Hingabe, Demut und Herrlichkeit, die alle mit dem Erleben bedingungsloser Liebe einhergehen. Liebe befreit Sie von einengenden Überzeugungen und einer Verhärtung des Herzens und erlaubt Ihrer Seele, triumphierend und in Herrlichkeit aufzustehen.

Wohin führen diese Engel Sie? Ist in Ihrem Leben die Zeit gekommen, Ihre Befreiung aus einer schwierigen Situation oder von alten Verhaltensweisen, die Sie durch Beharrlichkeit zu kontrollieren gelernt haben, zu feiern? Dann lassen Sie das Licht hereinströmen und in Ihre Seele strömen.

Nehmen Sie sich Zeit, das Hochgefühl auszukosten und die Geschenke der Weisheit zu empfangen. Suchen Sie in Ihrem Inneren die Eigenschaften Ihrer Seele, die durch Ihr Erlebnis gestärkt worden sind. Das können Demut, Hingabe, Entschlossenheit oder Tiefe sein. Seien Sie dankbar und öffnen Sie Ihr Herz, um ganz von befreiender Liebe durchtränkt zu werden. Vielleicht fühlen Sie sich, als ließen Sie den Tod hinter sich und träten ins Leben. Welcher Teil von Ihnen ist lebendig geworden?

Haben Sie das Gefühl, in der Falle zu sitzen, und sehnen Sie sich nach Befreiung? Was hält Sie fest? Welcher Teil von Ihnen fühlt sich in dieser Situation wie tot? Wenn Ihre Seele die Engel ruft, damit sie Sie aus der Niedergeschlagenheit führen, werden Sie dann bereit sein, sich zu ändern? Werden Sie Ihren Wunsch, auszubrechen und etwas Neues zu finden, mit offenen Armen annehmen? Die Engel sind immer sicher und warten auf Ihre Zustimmung. Bitten Sie sie, Sie durch den schwierigen Teil des Loslassens zu führen, damit Sie in die Herrlichkeit der Befreiung und in das Licht der Wahrheit treten können. Ihr Verlangen ist der Schlüssel.

Diese Art der Veränderung kann Ängste und Erregung wachrufen, weil Sie etwas loslassen, das Sie für einen Teil von sich hielten. Wenn eine Beziehung endet, ziehen Sie vielleicht aus dem Haus aus, in dem Sie lange Zeit gelebt haben. Vielleicht entfernen Sie sich von einem alten Schema der Selbstbewertung. Es hilft, wenn Sie sich darüber im Klaren sind, was Sie zurücklassen.

Verlassen Sie sich darauf, dass die Wünsche Ihrer Seele Sie zu etwas Neuem bringen. Dann kommen Sie vorwärts. Was ist jetzt für Sie wahr? Worauf können Sie zurückgreifen, wenn Sie einen schlechten Tag haben? Gibt es ein Zitat, das Ihnen beim Sprung ins Unbekannte helfen kann, zu vertrauen?

Die Engel der Befreiung sind in jedem Moment an Ihrer Seite und warten darauf, Sie zur bedingungslosen Liebe zu führen. Tun Sie etwas, um Ihre Hand nach diesen Engeln auszustrecken.

Was tun, um die Engel der Befreiung anzuziehen?

~ Meditieren Sie, um die Befreiung zu kosten und die empfangene Weisheit zu ernten. Spielen Sie die Filmmusik zu *Gladiator* von Hans

Zimmer und Lisa Gerrard. Die letzten drei Stücke, „Elysium", „Honor Him" und „Now We Are Free", vermitteln ein Gefühl der Befreiung. Oder hören Sie Mariah Careys „I Am Free" auf *Daydream* und bitten Sie die Engel, Sie in die Liebe zwischen Ihrer Seele und der Quelle zu tragen. Sie nennen die Quelle vielleicht Herr, Jesus, Vater oder Mutter; wählen Sie den Namen, der für Sie Bedeutung hat. Denken Sie während dieser Verbindung mit der Liebe darüber nach, wovon Sie befreit sind. Welcher Teil von Ihnen ist lebendig geworden? Schreiben Sie nach der Meditation Ihre Erfahrungen und Erkenntnisse auf.

~ Fühlen Sie sich gefangen? Schreiben Sie in Ihr Tagebuch, um Ihre Gefühle und Gedanken ans Licht kommen zu lassen. Schreiben kann Verschiedenes sein: ein Abreagieren, Kontemplation, Dankbarkeit oder Anregung für hilfreiche Handlungen. Wenn Sie aufgeregt und ängstlich sind, dann reagieren Sie Ihre Gefühle beim Schreiben ab; finden Sie dann etwas, wofür Sie dankbar sein können. Denken Sie über das vorangegangene Kapitel nach und suchen Sie nach einer Einsicht, die Sie leiten kann. Vielleicht werden die Engel zu Ihnen sprechen, während Sie schreiben.

~ Wenn Sie Probleme erkennen, dann finden Sie einen Weg zur Lösung. Wenn Sie die Wünsche Ihrer Seele erkannt haben, dann finden Sie Handlungen, die Sie näher zu diesen Zielen bringen. Prüfen Sie mögliche Taten, indem Sie darüber schreiben, was Sie zu erreichen hoffen und welche Konsequenzen sich ergeben können. Nehmen Sie sich bei jedem Schritt auf Ihrem Weg Zeit, um in sich zu gehen, und erkennen Sie dankbar den Wert des Empfangenen.

~ Hören Sie auf Ihrem Weg vom Gefangensein zur Befreiung das Lied „Separate Ways (Worlds Apart)" von Journey auf *Greatest Hits*. Gewinnen Sie daraus den Mut, sich zu befreien.

~ Suchen Sie ein Zitat oder eine spirituelle Wahrheit, die Ihnen zu mehr Vertrauen beim Sprung ins Unbekannte helfen kann. Schreiben Sie das Zitat auf eine Karte, tragen Sie es bei sich und lesen Sie es mehrmals am Tag.

~ Wenn Sie entmutigt sind, rufen Sie einen Freund an, dem Sie vertrauen, und bitten Sie um Ermutigung, weiterzumachen.

~ Während einer Veränderung ist Beten sehr hilfreich. Schreiben Sie ein persönliches Dankgebet, das Ihnen helfen wird, sich in schwierigen Zeiten auf Ihr Ziel zu konzentrieren und vorwärts zu gehen. Legen Sie eine Abschrift des Gebets auf Ihren Altar oder an einen besonderen Ort, eine andere sollten Sie bei sich tragen. Lesen Sie Ihr Gebet in den nächsten Tagen häufig. Hier ist ein Beispiel für ein Gebet:

Engel der Befreiung,
nehmt meine Hände und führt mich zur Freiheit.
Befreit mich von meiner störrischen und eigenwilligen Art,
die mein Herz verhärtet.
Helft mir, die Liebe meiner Seele zu spüren und die Taubheit,
an der ich festhalte, zu überwinden.
Macht mich in der Liebe meiner Seele lebendig.

35.

Leidenschaft

*Nur die Liebe führt zu Erinnerungen,
sie allein bewegt mein Herz.*

— LEONARDO DA VINCI
Italienischer Maler, Bildhauer, Architekt,
Musiker, Ingenieur und Wissenschaftler (1452–1519)

Leidenschaft ist starke Energie. Sie kann sich nach außen auf eine Person, ein Ding oder ein Ereignis oder aber nach innen auf eine Idee oder ein Gefühl richten. Was entfacht Ihre Leidenschaft? Haben Sie eine Leidenschaft für Liebe, Sinnlichkeit, Erfüllung, Verbindungen zu anderen, Wahrheit, Reinheit oder Mut? All das sind Qualitäten der Seele. Wohin führt Ihre Seele Sie? Was brauchen Sie?

Vielleicht stehen Sie an einem Punkt, an dem die Leidenschaft fehlt. Der Engel möchte Sie neu entzünden, damit sie Ihren Weg zur Erfüllung der Wünsche Ihrer Seele erleuchtet. Blicken Sie ehrlich auf die Umstände in Ihrem Leben, die Ihre Leidenschaft ersticken.

Sind Sie zornig? Vielleicht sind Sie in einer Beziehung nicht zufrieden und ärgern sich über einen kontrollierenden oder gleichgültigen Partner. Leben Sie in Umständen, die Ihnen nicht gefallen? Sind heftige Konfrontationen zu Hause oder in der Arbeit an der Tagesordnung? Wenn Sie Zorn unterdrücken, stumpfen auch andere Gefühle einschließlich der Liebe ab.

Zorn ist furchtbar, wenn Sie von ihm beeinflusst werden und Ihr Reden und Handeln nicht kontrollieren können. Wie hat sich Ihr Zorn auf andere ausgewirkt? Haben Sie so viel Angst davor, zornig zu sein, dass Sie dieses Gefühl unterdrückt haben und nicht einmal wissen, dass Sie zornig sind? Sind Sie das Opfer eines Menschen gewesen, der sich von seinem Zorn bestimmen ließ?

Der Engel der Leidenschaft kann Ihnen zeigen, wie Sie die Energie des Zorns in eine produktive und leidenschaftliche Kraft zur Veränderung umwandeln können. Es ist menschlich und vollkommen in Ordnung, zornig zu sein. Zorn selbst ist nichts Schlechtes. Tatsächlich lenken starke Gefühle wie dieses Ihre Aufmerksamkeit auf Bereiche, die Veränderung brauchen. Gehen Sie nüchtern damit um. Geben Sie zu, dass Sie zornig sind, und befassen Sie sich damit. Was steckt hinter dem Gefühl? Worüber sind Sie tatsächlich zornig?

Der Engel hilft Ihnen, Ihren Zorn aus der Verbindung mit Gott oder der Quelle heraus anzupacken. So kann Zorn zu einer Leidenschaft für Wahrheit und Liebe werden. Sind Sie zornig auf jemanden? Sind Sie zornig auf Gott? Welche größere Wahrheit steht dahinter? Konzentrieren Sie sich auf Ihre wahren Gefühle der Liebe hinter dem Zorn.

Richten Sie das Licht der Erkenntnis darauf, wie Sie sich verhalten, wenn Sie zornig sind. Verstecken Sie Ihre Gefühle, sodass eine andere Person nicht weiß, wie Sie sich fühlen? Verbergen Sie Verletzungen, sodass Sie beide sich voneinander entfernen? Fühlen Sie sich im Recht und rechtfertigen Ihren Standpunkt? Dann ändern Sie Ihren Blickwinkel.

Wir glauben oft, eine andere Person oder Gott zu schonen, wenn wir Zorn unterdrücken. Doch so kann der Zorn weiter wirken und sich in Bitterkeit und Ärger verwandeln. Wenn Sie ein Kind hätten, das wütend auf Sie ist, würden Sie dann nicht wollen, dass das Kind seine Wut ausdrückt, damit Sie ihm helfen können, durch die Wut hindurch zur Liebe zu gelangen? Das trifft auch auf Gott zu.

Gott will nicht, dass Sie leiden, indem Sie versuchen, Ihren Zorn zu verstecken. Er spürt ihn sowieso! Gott möchte, dass Sie mit allem zu ihm kommen. Unter Ihrem Zorn liegt der Schmerz, verletzt und von der Liebe getrennt zu sein. Wenn Sie Ihr Herz dem Schmerz öffnen, liegt die Leidenschaft Ihrer Liebe ganz nahe. Gott will Ihr ganzes Herz, vor allem die

Teile, die zornig, verletzt oder ärgerlich sind. Dann kann er Ihnen helfen, das Leiden zu beenden, damit er Ihr Herz mit Liebe erfüllen kann.

Was tun, um den Engel der Leidenschaft anzuziehen?

~ Was fehlt in Ihrem Leben? Was erstickt Ihre Leidenschaft? Schreiben Sie über Ihre Gefühle.

~ Sind Sie zornig? Denken Sie über das Vorangegangene nach und schreiben Sie über Ihre Situation und Gefühle. Konzentrieren Sie sich auf die umfassendere Wahrheit der Situation, wenn Sie Ihrem Zorn Luft gemacht haben. Legen Sie die Gefühle von Verletzung und Liebe frei, die unter dem Zorn begraben sind.

~ Wechseln Sie den Blickwinkel, wenn Sie zornig sind. Konzentrieren Sie sich auf Ihre Liebe zu der anderen Person.

~ Tanzen Sie mit dem Engel der Leidenschaft. Tanzen Sie, um zornige Gefühle loszulassen und um in der Leidenschaft der Liebe lebendig zu werden. Lassen Sie währenddessen die Energie des Geistes Ihren Körper erfüllen, bis sie zu einer greifbaren Kraft wird, die in Ihnen wirkt. Tauchen Sie in die Macht der Liebe ein, um Ihre Seele zu heilen und sich mit Ihr zu vereinen. Die folgenden Musikstücke können helfen, die Leidenschaft in Ihrem Herzen zu wecken.

MUSIK:
  * Celine Dion, „Power of Love", auf *All the Way: A Decade of Song*
  * Marc Anthony, „You Sang to Me", auf *Marc Anthony*
  * Dario G., „Sunchyme", auf *Sunmachine*
  * Tina Turner, „Best", auf *Simply the Best*

~ Nachdem Sie Ihrem Zorn durch Schreiben oder Tanzen Luft gemacht haben, sollten Sie mit demjenigen, auf den Sie zornig sind, ruhig reden. Seien Sie liebevoll, aber ehrlich, um eine Lösung zu finden.

36.

Sinnlichkeit

*Wenn wir nur weise genug sind, innezuhalten
und inmitten der Anforderungen und Ablenkungen unseres Alltags
einen Moment einzuplanen, um die Schönheit, die uns umgibt,
wirklich zu sehen, die Klänge des Vogelgesangs zu hören,
einen Pfirsich zu schmecken und die Rosen zu riechen,
den zu berühren, den wir lieben.*

— ELIZABETH MILLAR

Die Seele ist von Natur aus sinnlich und verspielt. Der Engel der Sinnlichkeit belebt Ihren sinnlichen und verspielten Geist, indem er Sie zu einem offeneren, liebenderen Herzen führt. Sinnlichkeit verbindet sich mit den Freuden des Geistes und offenbart sich in den Sinnen Schmecken, Hören, Sehen, Riechen, Fühlen und den Gefühlen.

Bodily sensations and your truer qualities are greatly enhanced when you are in touch with your soul. A slight breeze can feel like a passionate caress, and brief eye contact with a stranger can give you a glimpse into the grace of eternal love. Are you open to feeling aroused and vibrant?

Körperliche Empfindungen und Ihre tieferen Eigenschaften werden gesteigert, wenn Sie mit Ihrer Seele in Verbindung stehen. Eine sanfte Brise kann sich wie eine leidenschaftliche Liebkosung anfühlen und ein kurzer Blickkontakt mit einem Fremden kann Ihnen einen Eindruck ewiger Liebe geben. Sind Sie offen dafür, wachgerüttelt zu werden und sich vollkommen lebendig zu fühlen?

Sinnlichkeit ist ein Geschenk, das Sie sich selbst machen. Wenn Sie eine Straße entlanggehen, bleiben Sie dann stehen, um eine Rose zu bewundern und ihren Duft aufzunehmen? Wenn Sie Musik hören, lassen Sie sich dann von ihr zu einer Verbindung mit etwas tragen, das größer ist als Sie selbst? Wenn Sie mit Menschen zusammentreffen, öffnen Sie dann Ihr Herz und suchen nach Möglichkeiten, sich mit ihnen verbunden zu fühlen?

Ist es Zeit für eine Umgestaltung im Bereich der Sinnlichkeit? Auf welche Dinge in Ihrem Leben müssen Sie achten? Wann fühlen Sie sich sinnlich? Fühlen Sie sich in enger Kleidung, die Ihre Aufmerksamkeit auf bestimmte Stellen lenkt, lebendiger oder in lockerer Kleidung, die bei Bewegungen Ihre Haut streichelt? Wie beeinflussen Frisur und Make-up Ihr Befinden, wenn Sie in den Spiegel sehen? Wie wirken Ihre Schuhe sich auf Ihren Gang aus? Ist es Zeit für neue Pyjamas? Was können Sie sofort ändern, um sich sinnlicher zu fühlen?

Was ist mit den sexuellen Freuden? Ist Ihr Körper empfänglich und warm oder kalt und wie betäubt? Bitten Sie den Engel der Sinnlichkeit, Ihnen zu helfen, alle Angst und allen Schmerz aus der Vergangenheit loszulassen, damit Ihr Körper lebendig werden kann. Wenn Sie jemanden sehen, den Sie attraktiv finden, dann schwelgen Sie heimlich im Vergnügen Ihrer Erregung. Nehmen Sie unter der Dusche das wohlige Gefühl von warmem Wasser auf Ihrer Haut und die sanften Berührungen Ihrer Hände wahr.

Leben Sie in einer Beziehung? Haben Sie einen Partner, mit dem Sie zufrieden sind, oder fühlen Sie sich frustriert und einsam? Seien Sie empfänglich für die Ermutigung und die Vorschläge, die der Engel der Sinnlichkeit Ihnen bringt, um Ihnen zu helfen, Ihr Herz erfüllenderen Beziehungen zu öffnen.

Beginnen Sie die Umgestaltung Ihrer Sinnlichkeit mit einer Meditation. Bitten Sie den Engel, sich mit der sinnlichen, verspielten Natur Ihrer Seele verbunden fühlen zu können. Hören Sie Musik, die Empfindungen und Wünsche hervorruft. Orientieren Sie sich an den Vorschlägen am Ende dieses Abschnitts. Lassen Sie die Musik Ihren Körper bewegen und öffnen Sie sich dem Strom des Geistes. Vielleicht müssen Sie weinen, um alten Schmerz wegzuspülen, oder in ein Kissen oder Handtuch schreien, um die Taubheit zu durchbrechen. Bieten Sie dem Geist jeden Gedanken und jedes Gefühl, das aufkommt, wie ein Geschenk an, um geheilt zu werden. Irgendwann wird Ihr Körper in einen sinnlichen Tanz ausbrechen.

Wenn Ihnen Gedanken kommen, schreiben Sie sie auf. Denken Sie darüber nach, was Sie tun könnten, um mehr Sinnlichkeit und Liebe in sich selbst und in Ihrem Leben zu finden. Behalten Sie beim Planen von Aktivitäten immer die Frage im Kopf: „Wird mich das zu einer tieferen Verbindung mit der Liebe in meiner Seele führen?"

Was tun, um den Engel der Sinnlichkeit anzuziehen?

~ Fangen Sie mit der Umgestaltung Ihrer Sinnlichkeit an. Beginnen Sie mit einer Meditation, in der Sie den Engel bitten, Ihnen zu helfen, sich mit dem sinnlichen, verspielten Wesen Ihrer Seele verbunden zu fühlen. Hören Sie die unten aufgeführte Musik, um sich zu dieser Verspieltheit zu ermutigen. Denken Sie darüber nach, was Sie tun können, um in Ihrem Leben mehr Sinnlichkeit und Liebe zu finden. Schreiben Sie die Gedanken nieder.

~ Es gibt einige Dinge, die Sie jeden Tag tun können, um zu einer tieferen Verbindung mit dem sinnlichen Wesen Ihrer Seele zu gelangen. Versuchen Sie Folgendes:

- Nehmen Sie ein Bad mit ätherischen Ölen, die verführerisch duften und Ihre Haut weich und zart machen.
- Laden Sie einen geliebten Menschen ein und massieren Sie sich gegenseitig, um die Freuden der Berührung zu spüren.
- Sehen Sie sich mit einem Freund sinnliche Filme an, um Fantasien zu wecken, und reden Sie über sie.
- Leben Sie mit Ihrem Geliebten eine Fantasie aus. Kostüme und Accessoires können sehr erotisch sein.
- Machen Sie für Ihren Geliebten einen Striptease.
- Nehmen Sie mit Ihrem Geliebten ein sinnliches Mahl ein – einschließlich Schokolade! Servieren Sie das Essen in einem ungewöhnlichen Ambiente.

- Entfernen Sie aus Ihrem Kleiderschrank alles, worin Sie sich starr oder tot fühlen. Tragen Sie Kleidung, die Sie lebendig macht.
- Tragen Sie hübsche Slips oder seidige Shorts und zeigen Sie sich jemandem darin.
- Gehen Sie mit einem Freund tanzen.
- Überraschen Sie Ihren Partner damit, dass Sie abends alle Lichter im Haus gelöscht und mit Kerzen eine Spur zum Badezimmer gelegt haben. Erwarten Sie Ihren Partner mit Champagner, sinnlichen Ölen und Musik in einem Schaumbad.
- Tanzen Sie jeden Tag zu folgender Musik und tragen Sie dabei Kleidung, in der Sie sich wie die Musik fühlen.

MUSIK:

- Celine Dion, „Seduces Me“, auf *Falling into You*
- Alanis Morissette, „Uninvited“, auf *Music from the Motion Picture City of Angels*
- Joe Cocker, „You Can Leave Your Hat On“, auf *The Best of Joe Cocker*
- Sarah Brightman, „You Take My Breath Away“, auf *Fly*

37.

Sexualität

Je mehr Verbindungen Sie und Ihr Geliebter eingehen,
nicht nur körperlicher, sondern auch geistiger Art,
zwischen Ihren Herzen und Ihren Seelen,
umso mehr werden Sie das Gewebe Ihrer Beziehung stärken und
umso mehr wahrhafte Momente werden Sie zusammen erleben.

— BARBARA DE ANGELIS
Lehrerin

Sexualität ist ein starker Bereich im Menschsein. Sexuelles Verlangen ist ein Urtrieb wie Hunger. Hindern unerfüllte Wünsche und Überreste traumatischer Erfahrungen Sie daran, Vergnügen zu empfinden? Der Engel der Sexualität lädt Sie ein, Heilung zu finden. Es ist möglich, völlig frei von Angst, Schuld und Scham zu sein, sodass Sie sich sexuell lebendig fühlen und eine zutiefst vertrauensvolle und leidenschaftliche Sexualität erleben können.

Wenn verborgene Geheimnisse Sie gefangen halten, dann kann Ihnen das Schreiben helfen, sich an längst vergessene Erlebnisse zu erinnern, die sich möglicherweise auf Ihre Art zu leben auswirken. Schreiben Sie über frühere Erlebnisse, Gefühle und Wünsche, um sich Ihrer selbst bewusster zu werden. Nutzen Sie folgende Fragen:

- ～ Wieso haben Sie sich sexuell verschlossen?

- ～ Weswegen schämen Sie sich?

- ～ Sind Sie starr und angstvoll? Warum?

- ～ Was empfinden Sie in Bezug auf Ihre derzeitigen sexuellen Beziehungen und Gefühle?

- ～ Sehen Sie eine Verbindung zwischen früheren Erfahrungen und Ihrer jetzigen Situation?

- ～ Was fehlt Ihnen?

- ～ Was möchten Sie?

Sobald Sie Scham, Angst, Schuld oder Zorn entdeckt haben – Gefühle, die Ihre Fähigkeit, sexuell frei und offen zu sein, stören –, sollten Sie meditieren. Hören Sie Musik, die Ihre Sexualität anregt. Wenn Sie das Aufsteigen eines schmerzhaften Gefühls spüren, dann bitten Sie den Engel der Sexualität, Ihnen zu helfen, es abzustreifen. Den Schmerz loswerden zu wollen ist lebenswichtig. Solange Sie das Gefühl haben, dass Ihr Zorn oder Ihr Schuldgefühl berechtigt ist, werden diese Empfindungen Sie nicht loslassen.

Wenn Sie all diese negativen Gefühle von sich abfallen lassen, beginnt die Heilung. Ihr Zorn kann zu einer mächtigen Heilkraft werden, wenn er sich in ein leidenschaftliches Verlangen, die Vergangenheit abzuwerfen, verwandelt. Wenn Sie die alten Gefühle loslassen, die den Raum in Ihnen blockieren, wird die Liebe einziehen können. Liebe aus der Seele und aus ihrer Verbindung mit der Quelle wird durch Ihr Herz und Ihren Körper strömen und wahre Heilung bringen. Diese Liebe ist eine spürbare Energie.

Wenn Sie die Gefühle von Angst, Schuld und Wut herauslassen und sich sexuell öffnen, wird Ihre Fähigkeit, sich mit Ihrem Partner zu verbinden, sehr viel größer werden. Ihr Partner wird in Ihren Augen nicht Angst, sondern Ihr wirkliches Ich, nicht Zorn oder Scham, sondern Liebe erkennen. In Ihrem Herzen erblühende Liebe ist das stärkste Aphrodisiakum. Sie erlaubt Ihren Seelen, sich in einem zutiefst vertrauten und erfüllenden Austausch zu verbinden.

Was tun, um den Engel der Sexualität anzuziehen?

Bitten Sie den Engel der Sexualität, Sie zu größerer Liebe und Freiheit in Ihrem Herzen zu führen. Hören Sie auf den Engel und tun Sie etwas, um die heilende Wirkung zu vergrößern. Hier sind einige Vorschläge dazu:

~ Wenn Sie wie betäubt waren, dann lesen Sie erotische Literatur oder sehen Sie sich stimulierende Filme an, um Ihre Gefühle zu wecken. Lassen Sie Ihren Geliebten teilhaben.

~ Erforschen Sie Ihre sexuellen Fantasien und lassen Sie sie ans Licht kommen. Sprechen Sie darüber mit einem zuverlässigen Freund oder einem Partner.

~ Experimentieren Sie mit sinnlichen Ölen und Sexspielzeug, um Ihr Herz und Ihren Körper für mehr Liebe zu öffnen.

~ Spielen Sie mit Ihrer Frisur und Ihrem Make-up, um hübsch und erotisch zu wirken.

~ Ziehen Sie Kleidung an, die Sie sexuell lebendig macht.

~ Suchen Sie sich ein Bild von jemandem Ihres Geschlechts, den Sie äußerst sexy finden, und spielen Sie Verkleiden. Kopieren Sie die Frisur, das Make-up und die Kleidung einer Person, die Sexualität ausstrahlt. Schaffen Sie eine Scheinwelt. Genießen Sie die Erfahrung allein oder teilen Sie sie mit Ihrem Geliebten.

~ Wenn Sie sexuell überaktiv sind, müssen Sie Ihr Verlangen vielleicht eingrenzen, indem Sie Ihre Energie darauf verwenden, Eigenliebe und Selbstrespekt aufzubauen.

~ Tanzen Sie zu der hier aufgeführten Musik und lassen Sie die Musik durch Ihren Körper fließen.

MUSIK:
- Goo Goo Dolls, „Iris", auf *Music from the Motion Picture City of Angels*
- Paula Cole, „Feelin' Love", auf *Music from the Motion Picture City of Angels*
- Marc Anthony, „I Need to Know", auf *Marc Anthony*
- Raphael, „Healing Dance", auf *Music to Disappear In, II*

38.

Großzügigkeit

Es ist gut zu geben, wenn man darum gebeten wird, aber es ist besser zu geben, ohne darum gebeten zu werden, nur aufgrund von Verständnis.

— KAHLIL GIBRAN

Der Engel der Großzügigkeit lehrt Sie, von Herzen und aus voller Liebe zu geben. Echtes Geben verschwendet keinen Gedanken daran, was man dafür zurückbekommt. Ihre Seele ist Ihr Vorbild. Sie gibt hingebungsvoll, selbstlos und mit umfassendem Interesse für den Empfänger. Ihr Ziel ist es, allein aus Freude am Geben zu schenken, ohne an eine Gegenleistung zu denken.

Wie können Sie Ihr Herz öffnen, um mehr von sich zu geben? Wie können Sie anderen helfen, indem Sie Ihr Geld, Ihre Zeit, Ihre Weisheit und Ihre Liebe teilen? Blicken Sie tief in Ihr Herz und finden Sie Möglichkeiten, auf Ihre eigene Art zu geben. Seien Sie sich bewusst, dass Geben und Nehmen einen Kreis bilden. Wenn Sie geben, bekommen Sie auch etwas. Und wenn Sie etwas bekommen, sind Sie bereit, noch mehr zu geben. Der Engel der Großzügigkeit hilft Ihnen, den Reichtum der Liebe zu finden, der aus dem Geben und Nehmen erwächst.

Warum halten Sie sich beim Geben zurück? Haben Sie Angst, selbst nicht genug zu behalten? Finden Sie sich geizig oder kleinlich? Wahre Großzügigkeit ist frei von Geiz und Engstirnigkeit. Sie sollten nicht geben, weil Sie glauben, es würde von Ihnen erwartet, oder weil es Sie gut aussehen lässt. Geben Sie, weil Sie es möchten. Wer liegt Ihnen wirklich am Herzen? Wem helfen Sie gern? Das ist das Gefühl, nach dem Sie streben sollten.

Manchen Menschen gibt man lieber als anderen. Was führt dazu, dass Sie nur mit sich selbst beschäftigt und den Bedürfnissen anderer gegenüber verschlossen sind? Wenn Sie Gelegenheiten zum Geben nicht erkennen, dann bitten Sie den Engel, Ihnen die Augen zu öffnen. Vielleicht sind Sie überrascht, wie viel Hilfe Menschen brauchen.

Sehen Sie sich die Menschen in Ihrer Umgebung, die schlechter bezahlte Jobs haben, genauer an. Wer putzt Ihr Haus? Wer bedient in den Geschäften? Achten Sie auf Ihre Kollegen. Ist darunter eine allein erziehende Mutter, die zwei Jobs hat, noch zur Schule geht und sich gleichzeitig um ihre Kinder kümmert? Können Sie Ihr hin und wieder Lebensmittel oder Spielzeug mitbringen? Haben Sie etwas, das Sie nicht benutzen, das aber für jemand anderen ein willkommenes Geschenk sein könnte? Wie wäre es mit einer Telefonkarte oder einem Tankgutschein?

Kennen Sie jemanden, der entlassen worden, seit langem krank oder verzweifelt ist? Haben Sie jemals unterwegs angehalten, um Ihre Hilfe anzubieten? Wie viele Menschen treffen Sie im Laufe eines Tages, die einfach nur jemanden zum Zuhören brauchen? Zuhören, ohne zu urteilen, ist eine wichtige Form des Gebens. Ihr wahres Ich lebt, um anderen zu geben.

Was tun, um den Engel der Großzügigkeit anzuziehen?

~ Meditieren Sie, um die Großzügigkeit in Ihrem Herzen zu finden. Hören Sie die Stücke „Point of Light" von Randy Travis auf *High Lonesome* und „Testify to Love" von Wynonna Judd auf *Touched by an Angel: The Album*. Lassen Sie beim Hören dieser Lieder Ihren Gefühlen und Gedanken freien Lauf und suchen Sie nach dem echten Mitgefühl in Ihrem Herzen. Seien Sie aus diesem Mitgefühl heraus offen dafür, viele verschiedene Arten des Gebens zu finden.

~ Spenden Sie einer gemeinnützigen Organisation.

~ Melden Sie sich als freiwilliger Helfer.

- Geben Sie einem Verkäufer, der Sie regelmäßig bedient, einen Geschenkgutschein eines nahe gelegenen Lebensmittelgeschäfts.

- Seien Sie einem Kind oder jemandem, der Ihr Wissen und Ihre Ermutigung braucht, ein Mentor.

- Geben Sie Ihr Kleingeld einem Obdachlosen.

- Sorgen Sie für einen kranken Freund, waschen, spülen oder kochen Sie für ihn.

- Bringen Sie älteren Nachbarn warmes Essen.

- Sammeln Sie Dinge ein, die Sie nie benutzen, und geben Sie sie Bedürftigen.

- Kaufen Sie Lebensmittel für eine Familie, von der Sie wissen, dass sie zu kämpfen hat.

- Lesen Sie den Kindern eines Kollegen eine Geschichte vor.

- Bringen Sie einem Obdachlosenheim überzählige Decken und Kleidung.

- Lesen Sie über Akte von Großzügigkeit, die Sie inspirieren, und öffnen Sie Ihr Herz. Der heilige Franz von Assisi und Mutter Teresa von Kalkutta sind gute Beispiele.

- Beten Sie darum, dass Ihr großzügiges Herz die Vorherrschaft übernimmt:

Geliebter Engel der Großzügigkeit,
bring mein verhärtetes Herz zum Schmelzen, damit ich erkenne,
wie ich anderen geben kann.
Befreie mich von Engstirnigkeit, damit ich den größeren
Zusammenhang der liebevollen Sorge sehen kann.
Bitte hilf mir, mein Leben vom großzügigen Herzen meiner Seele
leiten zu lassen.

Liebenswürdigkeit

*Meine Seele erlebte einen Frieden, der so süß, so tief war,
dass es unbeschreiblich ist.*

— HEILIGE THERESIA VON LISIEUX
Französische Karmeliterin (1873–1897)

Der Engel der Liebenswürdigkeit bringt Sie zu einer angenehmen, wertvollen Liebe. Blicken Sie in seine Augen und atmen Sie seinen Duft ein. In der zarten Anwesenheit des Engels ist es nicht nötig, sich angstvoll zu schützen. Seine Güte löst jede Verhärtung des Herzens auf.

Der Engel der Liebenswürdigkeit möchte Sie zu einer wahren Verbindung mit der Quelle überreden, die dem flehenden Herzen süße Erfüllung und Liebe bringt. Liebenswürdigkeit ist eine Qualität der Seele. Ihr wahres Ich ist wie eine duftende Blume, die andere anzieht, um die Ekstase des Göttlichen zu teilen.

Was hindert Sie daran, dieses kostbare Gefühl in sich zu spüren? Stößt die von den Produkten im Supermarktregal und von Menschen zur Schau gestellte vorgetäuschte Süße und Liebenswürdigkeit Sie ab? Dreht sich Ihnen bei dem Wort „kostbar" der Magen um? Sentimentalität ist eine Imitation dieser Eigenschaft der Liebe, der die Tiefe der Verbindung fehlt, die Liebenswürdigkeit authentisch macht.

Haben Sie Angst vor der Intensität Ihrer Gefühle und geben Sie stattdessen vor, liebenswürdig zu sein, um Ihr Unbehagen zu verdecken? Hat die Bitterkeit des Bedauerns Ihr Herz verhärtet? Fühlen Sie sich ungeliebt? Fehlt Ihrem Leben die Süße von Zuneigung und Zärtlichkeit?

Ihr wahres Ich ist zart und kostbar. In seinem frühen Wachstum kann die kleinste Kritik es zum Schrumpfen bringen. Mit der Zeit können Sie die Qualitäten Ihrer Seele stärken, bis diese die Schroffheit des Lebens aushält, selbst wenn sie dabei verletzbar bleibt.

Für den Engel sind Sie ein kostbares Juwel. Wenn er Sie zu einer tieferen Verbindung mit Ihrer Seele ermutigt, erhaschen Sie vielleicht einen Hauch seines Dufts oder spüren sein Streicheln in einer sanften Brise.

Was tun, um den Engel der Liebenswürdigkeit anzuziehen?

~ Betrachten Sie das oben Gelesene als möglichen Weg zu mehr Bewusstsein. Es kann hilfreich sein, in Ihr Tagebuch zu schreiben, wenn Sie frühere Erlebnisse, Gefühle und Gedanken erkennen, die Sie daran hindern, die Süße der Liebe zu empfangen.

~ Meditieren Sie mit dem Wunsch, alte Verhaltensweisen abzulegen und sich zu verändern. Hören Sie „Learning the Ways of Love" von Peabo Bryson auf *Straight from the Heart: Take No Prisoners* oder *Music to Disappear In* von Raphael. Bitten Sie den Engel, das Kalte oder die Angst beiseite zu wischen, damit Ihr Herz sich in süßer Empfindsamkeit Ihrem Verlangen nach Liebe öffnen kann. In der Meditation können viele Gefühle zum Vorschein kommen. Erlauben Sie ihnen, durch Sie hindurchzufließen. Kosten Sie die Süße der Liebe. Lassen Sie, während Sie vergeben, Ihre Gefühle kommen und gehen. Bitten Sie um mehr Liebe. Vielleicht rühren ausweglose Probleme Sie zu Tränen. Wut mag in Ihnen hochsteigen, wenn Sie sich ein Leben voller Verstellung eingestehen. Machen Sie weiter, dann werden Sie inneren Frieden und eine Liebe finden, die so süß ist, dass Ihnen Tränen der Dankbarkeit kommen werden.

~ Irgendwann im Laufe Ihrer Meditation werden sich Ihre Gefühle verändern und Sie werden offen oder ruhig sein. Erkennen Sie dann, was Sie tun können, um Zärtlichkeit und Zuneigung zu anderen in Ihrem Leben zuzulassen.

~ Machen Sie sich mit Ihrem Geliebten eine schöne Zeit. Bringen Sie Blumen und Pralinen oder etwas Leckeres zum Essen mit. Hören Sie *Music to Disappear In* von Raphael. Kleiden Sie sich fantasievoll, um Ihre liebevollen Eigenschaften zu unterstreichen. Benutzen Sie Parfüm und seien Sie verführerisch. Und vor allen Dingen: Bieten Sie Ihr empfindsames und liebevolles Herz als echtes Zeichen Ihrer Liebe an.

~ Um einen Eindruck von süßester Hingabe zu bekommen, lesen Sie in *Enduring Grace: Living Portraits of Seven Women Mystics* von Carol Lee Flinders über die heilige Theresa von Lisieux.

40.

 Segen

Ihr, die ihr glaubt! Feiert das Lob Gottes
und lobpreist ihn morgens und abends.
Er ist es, der euch segnet,
wie seine Engel es tun, dass er euch bringe...
ins Licht...

— KORAN 33 41–43

Ihre Seele sucht den Segen des Heiligen Geistes. Der Segen reinigt Ihren Geist, Ihre Gefühle und Ihren Körper und überwindet Ablenkungen, sodass Sie eine direkte Verbindung mit dem Göttlichen erleben können. Die Seele ist ein heiliges Wesen, ein Ausdruck liebevollen Lichts, und sie tritt nur in den Momenten zutage, wenn Sie sich dem Dienst des Allmächtigen weihen.

Der Engel des Segens zeigt Ihnen, wie Sie den heiligen Tempel Ihrer Seele betreten können, indem die direkte Verbindung mit dem Göttlichen stattfindet. Sie müssen Ihrerseits nur die Zeit aufbringen, um diese Reise zu unternehmen. Während die Verbindung in einem Augenblick hergestellt werden kann, ist die Zeitspanne, um die persönliche Beziehung zu genießen und zu vertiefen, ein Geschenk an Ihre Seele.

Ein Sufi-Meister aus alter Zeit, Ali Ivn Abu Talib, schrieb eine kleine Geschichte, die hilft, das Sichentfalten eines Segens zu beschreiben:

Allah besitzt einen Trank, der seinen engen Freunden vorbehalten ist:
Wenn sie trinken, werden sie berauscht;
wenn sie berauscht sind, werden sie froh;
wenn sie froh sind, werden sie liebenswürdig;
wenn sie liebenswürdig sind, beginnen sie zu schmelzen;
wenn sie beginnen zu schmelzen, werden sie frei;
wenn sie frei werden, suchen sie;
wenn sie suchen, finden sie;
wenn sie finden, kommen sie an;
wenn sie ankommen, vereinigen sie sich
und wenn sie sich vereinigen,
gibt es keinen Unterschied zwischen ihnen und dem Geliebten.

Der Segen des Heiligen Geistes ist eine pulsierende und greifbare Erfahrung. Wenn sich die Belange des Alltags in diesen kostbaren Momenten lichten, fühlen Sie sich möglicherweise von Liebe berauscht und selig erfreut. Wenn Ihre Gedanken und Gefühle sich mit der Süße Ihrer Seele vermischen, ist das einzig Wichtige, sich mit anderen in Liebe zu vereinen. Ihr Herz wendet sich seinem leidenschaftlichen Verlangen zu und findet Freude im Herrn. Ihre Seele feiert ihre vollständige Erfüllung in der Umarmung des Göttlichen.

Was tun, um den Engel des Segens anzuziehen?

~ Weihen Sie einen Teil von sich und einen Teil Ihres Lebens der Suche nach Segnungen. Widmen Sie jeden Morgen und jeden Abend zehn Minuten der Hingabe, um in den Tempel Ihrer Seele einzutreten.

- Danken Sie am Morgen für den Tag, der vor Ihnen liegt. Bitten Sie Ihren Herrn, Sie zu führen und zu schützen und Sie auf seinen Wegen und in seinem Herzen zu bewahren. Bitten Sie den Engel, mit Ihnen zu gehen und Ihnen den Weg zu zeigen.

- Danken Sie am Abend für die Segnungen, die Sie während des Tages empfangen haben. Öffnen Sie Ihr Herz und verbinden Sie sich in Dankbarkeit mit Ihrer Seele. Bitten Sie darum, in der Umarmung des Herrn zu schlafen und mit dem Wissen und der Führung aufzuwachen, die Sie brauchen, um seinen Wegen weiterhin zu folgen.

~ Denken Sie über die Geschichte von den Auswirkungen des Tranks Allahs nach. Suchen Sie eine persönliche Erkenntnis oder Erfahrung ihrer Bedeutung.

~ Schreiben Sie in Ihrem Tagebuch über Ihre Erfahrungen. Wenn Sie einen dunklen Moment erleben, suchen Sie Ermutigung, indem Sie zurückblättern und über die vielen Male, die Sie den Segen des Heiligen Geistes empfangen haben, nachlesen.

~ Betreten Sie den heiligen Tempel Ihrer Seele durch Meditation. Hören Sie sich das Lied „Endless Love" von Lionel Richie und Diana Ross auf *The Definite Collection* an, um Ihr Herz zu öffnen und zu spüren, wie die göttliche Liebe Sie mit ihrem Segen berührt.

~ Wenn Sie einen Segen empfangen, teilen Sie, was Sie bekommen haben, mit einem Freund. Treffen Sie sich in Liebe und umarmen Sie sich lange und von Herzen.

Quellen

Bibliografie

Baldock, John, *The Little Book of Sufi Wisdom*. Element Books, Rockport, Mass. 1995.

Bloch, Carl, *Jesus, The Son of Man* (Mit Auszügen aus dem Neuen Testament). Scandinavia Publishing House, Kopenhagen 1982.

Conway, Timothy, Ph.D., *Women of Power and Grace: Nine Astonishing, Inspiring Luminaries of Our Time*. The Wake Up Press, Santa Barbara, Kalifornien 1994.

Flinders, Carol Lee, *Enduring Grace: Living Portraits of Seven Women Mystics*. Harper Collins, New York 1993.

Ladinsky, Daniel (Übers.), *The Gift: Poems by Hafiz, the Great Sufi Master*. Penguin Putnam, New York 1999.

Laurentius, Bruder, *The Practice of the Presence of God*. Whitaker House, Springdale Pa. 1982. (in Deutsch erschienen: *Die Gegenwart Gottes, eine wirkliche Erfahrung* und *Allzeit in Gottes Gegenwart*)

Rajneesh, Bhagwan Shree, *The Sound of One Hand Clapping*. Chidvilas, Oslo 1981.

Williamson, Marianne, *A Return to Love. Reflections of the Principles of a Course in Miracles*. Harper Collins, New York 1996.

Yogananda, Paramahansa, *Man's Eternal Quest*. Self Realization Fellowship, Los Angeles, Kalifornien 1988.

Quellen der Zitate

übersetzt aus den Originalwerken

Ban Breathnach, Sarah, *Simple Abundance: A Daybook of Comfort and Joy*. Warner Books, New York 1995.

Carter-Scott, Cherie, Ph.D., *If Love Is a Game. These Are the Rules*. Broadway, New York 1998.

Conway, Timothy, Ph.D., *Women of Power and Grace: Nine Astonishing, Inspiring Luminaries of Our Time*. The Wake Up Press, Santa Barbara, Kalifornien 1994.

Da Vinci, Leonardo, zitiert in: *Leonardo: Discovering the Life of Leonardo da Vinci: A Biography* von Serge Bramley, Harper Collins, New York 1991.

De Angelis, Barbara, zitiert in: *The Ultimate Success Quotations Library*, 1997. Internet: www.creativequotations.com.

Emerson, Ralph Waldo, zitiert in: *The Ultimate Success Quotations Library*, 1997. Internet: www.creativequotations.com.

Fuller, Margaret, Internet: www.quotationspage.com.

Gibran, Kahlil, *The Prophet*. Alfred A. Knopf, New York 1923.

Khan, Hazrat Inayat, Internet: www.quotationspage.com.

King, Martin Luther jr., *A Call to Conscience: The Landmark Speeches of Dr. Martin Luther King, Jr.* Warner Books, New York 2001.

Laird, Donald A., zitiert in: *Forbes Book of Business Quotations*. Black Dog and Leventhal Publishers, New York 1997.

Laurentius, Bruder, *The Practice of the Presence of God*. Whitaker House, Springdale, Pa. 1982.

Ma, Anandamayi, zitiert in: *Matri Vani: From the Wisdom of Sri Anandamayi*

Ma, Volume 1. Aufgenommen von Gurupriya Devi. Shree Shree Anandamayee Charitable Society, Kalkutta 1982.

Mackay, Harvey, Kolumne für United Features Syndicate in: *The Arizona Republic*, 22. März 1998, Phoenix, Arizona.

Magdeburg, Mechthild von, zitiert in: *Enduring Grace: Living Portraits of Seven Women Mystics* von Carol Lee Flinders. Harper Collins, New York 1993.

Mandela, Nelson, *Long Walk to Freedom*. Back Bay Books, Boston 1995.

Mata Amritanandamayi, Amma, zitiert in: *Women of Power and Grace: Nine Astonishing, Inspiring Luminaries of Our Time* von Timothy Conway, Ph.D., The Wake Up Press, Santa Barbara, Kalifornien 1994.

Millar, Elizabeth, *The Fragrant Veil, Scents for the Sensuous Woman*. Llewellyn, Saint Paul, Minnesota 2000.

Nin, Anaïs, zitiert in: „Freelancer with No Time to Write" von John Brady. In: *Writer's Digest*, Cincinnati, Ohio Februar 1974.

Paterson, Katherine, zitiert in: *Words of Women, Quotations for Success*. Power Dynamics Publishing, 1997. Internet: www.creativequotations.com.

Peace Pilgrim, zitiert in: *The Ultimate Success Quotations Library*, 1997. Internet: www.creativequotations.com.

Rajneesh, Osho, *The Sound of One Hand Clapping*. Osho Chidvilas, 1981.

Sternberg, Robert, zitiert in der: New York Times, 10. September 1985. Internet: www.quotationspage.com.

Talib, Ali Ibn Aboe, zitiert in: *The Little Book of Sufi Wisdom* von John Baldock. Element Books, Rockport, Mass. 1995.

Theresia von Ávila, Heilige, zitiert in: *Enduring Grace: Living Portraits of Seven Women Mystics* von Carol Lee Flinders. Harper Collins, New York 1993.

Theresia von Lisieux, Heilige, zitiert in: *Enduring Grace: Living Portraits of Seven Women Mystics* von Carol Lee Flinders. Harper, Collins New York 1993.

Yogananda, Paramahansa, *Man's Eternal Quest*. Self Realization Fellowship, Los Angeles 1988.

Diskografie

Abraxas Pool. „Don't Give Up", auf *Abraxas Pool*. Miramar, 1997.

Adams, Bryan. „Get Off My Back", auf *Spirit: Der Wilde Mustang*. A&M, 2002.

Aeoliah. *Angel Love*. Oreade, 1992.

Anthony, Marc. „You Sang to Me" und „I Need to Know", auf *Marc Anthony*. Sony, 1999.

Arden, Jann. „I Would Die for You" und „Time for Mercy", auf *Time for Mercy*. A&M Records, 1993.

Barber, Samuel. „Adagio for Strings".

Benetar, Pat. „All Fired Up", auf *The Very Best of Pat Benetar*. Capitol, 1994.

Brightman, Sarah. „Deliver Me", auf *Eden*. Angel Records, 1999. „Heaven is Here" und „You Take My Breath Away" auf *Fly*. WEA International, 1998.

Brooks, Garth. „Make You Feel My Love", auf *Fresh Horses*. Capitol/EMI, 1995.

Bryson, Peabo. „Learning the Ways of Love", auf *Straight From the Heart: Take No Prisoners*. Collectables, 2003.

Carey, Mariah. „I'll Be There" und „Make It Happen", auf *Mariah Carey MTV Unplugged EP*. Columbia, 1992. „I Am Free", auf *Daydream*. Columbia, 1995.

Chapman, Steven Curtis. „Dive", auf *Speechless*. Sparrow/BMD, 1999.

Church, Charlotte. „All Love Can Be", auf *Prelude: Best of Charlotte Church*. Sony Entertainment, 2002.

Cocker, Joe. „You Can Leave Your Hat On", auf *The Best of Joe Cocker*. Capitol, 1993.

Cole, Paula. „Feelin' Love", auf *Music From the Motion Picture City of Angels*. Warner Sunset/Reprise, 1998.

Colombier, Michel. *Stürmische Liebe*. Varese Sarabande, 2002.

Creed. „What's This Life For", auf *My Own Prison*. Wind-Up Records, 1997. „Arms Open Wide", auf *Human Clay*. Wind-Up Records, 1999.

D., Rob. „Clubbed to Death", auf *The Matrix*. Warner Brothers, 1999.

Depeche Mode. „Personal Jesus", auf *Violator*. Warner Brothers, 1990.

Dion, Celine. „My Heart Will Go On" und „Power of Love", auf *All the Way: A Decade of Song*. Sony, 1999. „Seduces Me", auf *Falling into You*. Sony, 1996. „I Know What Love Is", auf *One Heart*, Sony, 2003.

Eagles. „Love Will Keep Us Alive", auf *Hell Freezes Over*. Geffen, 1994.

Estefan, Gloria. „Coming Out of the Dark", auf *Gloria Estefan's Greatest Hits*. Sony, 1992.

Ethridge, Melissa. „Precious Pain", auf *Melissa Ethridge*. Polygram, 1988.

Evanescence. „Bring Me to Life", „My Immortal" und „Taking Over Me", auf *Fallen*. Wind-Up Entertainment, 2003.

G., Dario. „Sunchyme", auf *Sunmachine*. Kinetic, 1998.

Gerrard, Lisa. „Sanvean", auf *The Mirror Pool*. Warner Brothers, 1995.

Goo Goo Dolls. „Iris", auf *Music from the Motion Picture City of Angels*. Warner Sunset/Reprise, 1998.

Goodchild, Chloe. „Thy Will/Jaya Bhagavan" und „Ave Maria", auf *Devi*. Raven Recording, 1996.

Grant, Amy. „Breath of Heaven", auf *Home for Christmas*. A&M, 1992.

Händel, Georg Friedrich. „Hallelujah", auf *Messias*.

Horner, James. *Braveheart: Original Motion Picture Soundtrack*. Decca, 1995.

Idol, Billy. „Rebel Yell", auf *Rebel Yell*. Capitol, 1990.

Jackson, Michael. „Man in the Mirror", auf *Bad*. Sony, 2001.

Jars of Clay. „Worlds Apart", auf *Jars of Clay*. Essential, 1995.

Jewel. „Life Uncommon", auf *Spirit*. Atlantic, 1998.

Journey. „Separate Ways (Worlds Apart)", auf *Greatest Hits*. Sony, 1988.

Judd, Wynonna. „Testify to Love", auf *Touched by an Angel: The Album*. Sony, 1998.

Jude. „I Know", auf *Music From the Motion Picture City of Angels*. Warner Sunset/Reprise, 1998.

Lewis, Donna. „Mother", auf *Now in a Minute*. Atlantic, 1996.

Madonna. „Ray of Light", auf *Ray of Light*. Warner Brothers, 1998.

Martika. „Love … Thy Will Be Done", auf *Martika's Kitchen*. Sony, 1991.

McLachlan, Sarah. „Fumbling Towards Ecstasy", auf *Fumbling Towards Ecstasy*. Arista, 1993. „Witness", auf *Surfacing*. Arista, 1997. „Angel", auf *Music From the Motion Picture City of Angels*. Warner Sunset/Reprise, 1998.

Midler, Bette. „Wind Beneath My Wings", auf *Experience the Divine Bette Midler: Greatest Hits*. Atlantic, 1993.

Morisette, Alanis. „Uninvited", auf *Music From the Motion Picture City of Angels*. Warner Sunset/Reprise, 1998.

Morricone, Ennio. *Original Soundtrack from the Film The Mission*. Virgin Records, 1986.

O'Connor, Sinead. „Thank You for Hearing Me" und „In This Heart", auf *Universal Mother*. Chrysalis, 1994. „No Sacrifice", auf *Two Rooms: Celebrating the Songs of Elton John and Bernie Taupin*. Polygram, 1991.

Oldfield, Terry. *Out of the Depths (Deprofundis)*. New World Music, 1997.

Osbourne, Ozzie. „Momma, I'm Coming Home", auf *No More Tears*. Sony, 2002. „I Just Want You", auf *Ozzmosis*. Epic, 1995.

Overlords, The. „God's Eye", auf *All the Naked People*. Zoo, 1994.

Pretenders, The. „I'll Stand By You", auf *I'll Stand By You*. Warner Brothers, 1994.

Proclaimers, The. „I'm Gonna Be (500 Miles)", auf *Best of The Proclaimers*. Capitol, 2002.

Raphael. „Resurrection", auf *Music to Disappear In*. Hearts of Space, 1988. „Healing Dance", auf *Music to Disappear In, II*. Hearts of Space, 1991.

R.E.M. „Everbody Hurts", auf *Automatic for the People*. Warner Brothers, 1992.

Richie, Lionel und Diana Ross. „Endless Love", auf *The Definitive Collection*. Universal, 2003.

Ronstadt, Linda. „Feels Like Home", auf *Feels Like Home*. Elektra, 1996.

Ronstadt, Linda und Erin Neville. „Don't Know Much", auf *The Very Best of Linda Ronstadt*. Elektra, 2002.

Sade. „By Your Side", auf *Lovers Rock*. Epic, 2000.

Savage Garden. „I Knew I Loved You", auf *Affirmation*. Sony, 1999.

Sonique. „Sky", auf *Sky*. Universal International, 2000.

Stevens, Cat. „How Can I Tell You", auf *Teaser and the Firecat*. Polygram, 2000.

Travis, Randy. „Point of Light", auf *High Lonesome*. Warner Brothers, 1991.

Turner, Tina. „Best", auf *Simply the Best*. Capitol, 1991.

U2. „Desire", auf *Rattle and Hum*. Polygram, 1990.

Williams, Vanessa. „Love Is", auf Greatest Hits: *The First Ten Years – Vanessa Williams*. Mercury, 1998.

Winans, Cece. „No One", auf *Cece Winans*. Wellspring Gospel, 2001.

Yared, Gabriel. „An Angel Falls", „The Unfeeling Kiss" und „Spreading Wings", auf *Music from the Motion Picture City of Angels*. Warner Sunset/Reprise, 1998.

Zimmer, Hans und Gerrard, Lisa. *Music from the Motion Picture Gladiator*. Decca, 2000.

Bildnachweis

1. Liebe

James J. Tissot (1839–1902/Frankreich), „Engel stehen Jesus bei", SuperStock Inc.

2. Verlangen

T. Moore, „Engel mit zum Himmel erhobenen Armen", aus: *Das Paradies und die Verführerin*, Newberry Library, Chicago, Illinois, SuperStock Inc.

3. Vertrautheit

Giovanni B. S. Sassoferrato (1609–1685/Italien), „Madonna mit Kind", Musée du Louvre, Paris, Frankreich, SuperStock Inc.

4. Verletzbarkeit

Orazio Gentileschi (1563–1639/Italien), „Die Auslieferung des Petrus", Christie's, London, SuperStock Inc.

5. Kameradschaft

Hans Thoma (1839–1924/Deutschland), „Flucht nach Ägypten", SuperStock Inc.

6. Respekt

Bernardo Cavallino (1616–1656/Italien), „Abschied von Tobias", SuperStock Inc.

7. Ermutigung

Simon Vouet (1590–1649/Frankreich), „Die Verkündigung",
SuperStock Inc.

8. Tiefe

James J. Tissot (1836–1902/Frankreich), „Die Verkündigung",
SuperStock Inc.

9. Vertrauen und Glaube

François Boucher (1703–1770/Frankreich), „Petrus versucht auf dem
Wasser zu gehen", ca. 1766, Kathedrale Saint-Louis, Versailles,
Frankreich, SuperStock Inc.

10. Würdigkeit

Samuel van Hoogstraten (1627–1678/Niederlande), „Die Magd der
unbefleckten Empfängnis", ca. 1665, Christie's Images: SuperStock
Inc.

11. Demut

Lorenzo di Credi (1460–1537/Italien), „Die Verkündigung" (Detail),
Galerie der Uffizien, Florenz, Italien, SuperStock Inc.

12. Opfer

Antonio Guardi (1698–1760/Italien), „Isaaks Opfer", SuperStock Inc.

13. Gnade

Giovanni Odazzi (1663–1731/Italien), „Die Verkündigung",
Christie's Images: SuperStock Inc.

14. Hingabe

José Garnelo Aldo (1866–1944/Spanien), „Der Tod des heiligen
Franziskus", ca. 1916, SuperStock Inc.

15. Verbindung

Guido Reni (1575–1642/Bologna), „Der heilige Matthäus",
SuperStock Inc.

16. Sehnsucht

James J. Tissot (1836–1902/Frankreich), „Todesangst im Garten",
SuperStock Inc.

17. Reinheit

Godfried Schalcken (1643–1706/Niederlande), „Die Verkündigung",
Christie's Images: SuperStock Inc.

18. Wertschätzung

Giulio Cesare Procaccini (1574–1625/Italien), „Die Verkündigung",
City of York Art Gallery, York, England, SuperStock Inc.

19. Bewusstsein

Giovanni Francesco B. Guercino (1591–1666/Italien), „Christus in
Gethsemane", SuperStock Inc.

20. Geschenke

James J. Tissot (1836–1902/Frankreich), „Josephs Vision",
SuperStock Inc.

21. Erkenntnis

Unbekannter Künstler (18. Jh./Frankreich), „Schutzengel", David
David Gallery, Philadelphia, Pennsylvania, SuperStock Inc.

22. Erleuchtung

James J. Tissot (1836–1902/Frankreich), „Die Vision des Zacharias",
SuperStock Inc.

23. Entschlossenheit

Currier & Ives (1857–1907/USA), „Daniel in der Löwengrube",
Library of Congress, Washington, D.C., SuperStock Inc.

24. Kraft

Carl Heinrich Bloch (1834–1890/Dänemark), „Todesangst im
Garten", SuperStock Inc.

25. Handeln

Washington Allston (1779–1843/USA), „Die Befreiung von Petrus aus der Gefangenschaft", ca. 1812, The Huntington Library, Art Collections & Botanical Gardens, San Marino, Kalifornien. SuperStock Inc.

26. Veränderung

Matthias Stomer (1600–1650/Niederlande), „Vertreibung Lots und seiner Töchter aus Sodom", SuperStock Inc.

27. Transzendenz

Maurice Falk (geb. 1957/USA), „Der Weg" (Detail), ca. 1995, SuperStock Inc.

28. Vergebung

James J. Tissot (1836–1902/Frankreich), „Die Seele des reuigen Sünders im Paradies", SuperStock Inc.

29. Mitgefühl

Domenico Antonio Vacarro (1678–1745/Italien), „Die Jungfrau fällt in Ohnmacht auf Golgotha", Christie's Images: SuperStock Inc.

30. Jubel

Mateo Cerezo (1635–1685/Spanien), „Die Himmelfahrt der Heiligen Jungfrau", SuperStock Inc.

31. Erfüllung

Nicolas Poussin (1594–1665/Frankreich), „Die Verzückung des heiligen Paulus", Musée du Louvre, Paris, Frankreich, SuperStock Inc.

32. Ekstase

Carlo Francesco Nuvolone (1609–1662/Italien), „Der heilige Franziskus in Ekstase", Pinacoteca di Brera, Mailand, Italien. SuperStock Inc.

33. Versunkenheit

Giotto di Bondone (1266–1337/Italien), „Die Beweinung Christi"
(Detail), Capella Scrovegni, Padua, Italien, SuperStock Inc.

34. Befreiung

Carl Heinrich Bloch (1834–1890/Dänemark), „Die
Wiederauferstehung", SuperStock Inc.

35. Leidenschaft

Nicolas Poussin (1594–1665/Frankreich), „Heilige Margarita",
Pinacoteca Sabauda, Turin, Italien, SuperStock Inc.

36. Sinnlichkeit

Joshua Reynolds (1723–1792/England), „Venus und Amor", ca. 1750.
Eremitage, Sankt Petersburg, Russland, SuperStock Inc.

37. Sexualität

Luca Dameret, „Bacchus und Ariadne", Christie's Images:
SuperStock Inc.

38. Großzügigkeit

William-Adolphe Bougereau (1825–1905/Frankreich), „Madonna mit
Engeln", ca. 1900, Musée de la Ville de Paris, Frankreich,
SuperStock Inc.

39. Liebenswürdigkeit

„Cupido" im Stil von Jean-Baptiste Greuze, Christie's Images:
SuperStock Inc.

40. Segen

Paolo Caliari Veronese (1528–1588/Venedig), „Die Taufe Christi",
Barnes Foundation, Merion, Pennsylvania, SuperStock Inc.

Über die Autorin

Kimberly Marooney ist Autorin, Rednerin und geistige Lebensberaterin mit Abschluss in Engelskunde und Musik. Ihre Werke *Angel Blessings: Cards of Sacred Guidance and Inspiration* und *Your Guardian Angel in a BOX* (auf Deutsch erschienen: *Engel – Himmlische Helfer*) sind weltweit erhältlich.

In ihren Seminaren hilft Kimberly Teilnehmern eine direkte Verbindung mit Gottes Liebe aufzubauen. Sie ist persönlich und per Telefon für geistige Lebensberatung verfügbar. Mit ihrer Unterstützung haben viele Menschen gelernt, Blockaden zu lösen und sich für die heilende und klärende Liebe Gottes zu öffnen. Dies ist der erste wirksame Schritt, um eigene Ziele im Leben zu erreichen.

Um Ihre Erfahrungen mitzuteilen oder für weitere Informationen, schreiben Sie an:

Kimberly Marooney
8690 Aero Drive, Suite 115 PMB 35
San Diego, CA 92123 USA

Oder besuchen Sie www.KimberlyMarooney.com